ROMANCE ESPÍRITA

TRÁFICO: DOLOROSO RESCATE

EURIPEDES KÜHL

Por el Espíritu

DULCE

Traducción al Español:
J.Thomas Saldias, MSc.
Lima, Perú, Junio, 2024

Título Original en Portugués:
"Tráfico: Doloroso Resgate"
© Eurípedes Kühl, 1993

Traducido al Español de la 2da edición agosto de 1995.

World Spiritist Institute
Houston, Texas, USA
E-mail: contact@worldspiritistinstitute.org

Del Médium

Eurípedes Kühl nació en Igarapava, SP, el 21- 08- 1934. Hijo de Miguel Augusto Kühl y Anna García Kühl, está casado con doña Lúcy Câmara Kühl y tienen 2 hijos.

Profesionalmente es oficial del Ejército (Capitán), paracaidista, estando en la Reserva Remunerada desde 1983, después de 31 años de servicio activo, sirviendo en varias guarniciones militares.

También es Licenciado en Administración de Empresas.

Su nombre es un merecido homenaje a Eurípedes Barsanulfo, rendido por su madre, quien fue curada por el bondadoso médium, en un desdoblamiento espiritual, en 1917.

Vive en Ribeirão Preto - SP, donde trabaja con gran entusiasmo en el movimiento espírita.

Del Traductor

Jesús Thomas Saldias, MSc, nació en Trujillo, Perú.

Desde los años 80s conoció la doctrina espírita gracias a su estadía en Brasil donde tuvo oportunidad de interactuar a través de médiums con el Dr. Napoleón Rodriguez Laureano, quien se convirtió en su mentor y guía espiritual.

Posteriormente se mudó al Estado de Texas, en los Estados Unidos y se graduó en la carrera de Zootecnia en la Universidad de Texas A&M. Obtuvo también su Maestría en Ciencias de Fauna Silvestre siguiendo sus estudios de Doctorado en la misma universidad.

Terminada su carrera académica, estableció la empresa *Global Specialized Consultants LLC* a través de la cual promovió el Uso Sostenible de Recursos Naturales a través de Latino América y luego fue partícipe de la formación del **World Spiritist Institute**, registrado en el Estado de Texas como una ONG sin fines de lucro con la finalidad de promover la divulgación de la doctrina espírita.

Actualmente se encuentra trabajando desde Perú en la traducción de libros de varios médiums y espíritus del portugués al español, habiendo traducido más de 330 títulos, así como conduciendo el programa "La Hora de los Espíritus."

ÍNDICE

PREFACIO..7
DE LA AUTORA ESPIRITUAL: 10
I PARTE 11
PLANTACIONES 11
   Semillas Equivocadas..12
   Cosecha Desafortunada 24
   Erosión en la Mente..35
   Hierbas Dañinas 55
   Lluvias Ácidas 70
   Plagas en el Cultivo..88
   El Trigo y la Cizaña 106
   Fertilizante Invisible...121
   Higueras Secas..134
   Rocío Congelado en el Alma 148
   Rocío sobre Piedra..162
II PARTE...181
COSECHAS...181
   Inicio de la Cosecha..182
   Tormentas Espirituales 195
   Granos de Luz 211
   Cosecha de Dolor 226
   Riego en Sequía 245
   Cultivos Cercanos, Cosechas Diferentes.........................263
   Granero Celestial..284

Los Personajes e Instituciones (públicas o privadas) contenidos en esta obra son ficticios, no teniendo identidad alguna con posibles homónimos, que, si existen, son simplemente coincidencias.

No os dejéis engañar: Dios no puede ser burlado, porque todo lo que el hombre siembra, eso también segará.
Pablo – Gálatas, 6:7

PREFACIO

En la cúspide del tercer milenio, la humanidad se ha encontrado enfrentando innumerables conflictos materiales y morales. El hambre arrasa los cuatro rincones de la Tierra, la corrupción deja a la gente con escepticismo y vicios de todo tipo corroen desde las familias hasta las instituciones más respetables. Es como si el infierno descrito por Dante asolara sin piedad al mundo o si hubiera llegado definitivamente el Apocalipsis de San Juan, ejecutando el "juicio final" de las criaturas, derramando fuego íntimo en las conciencias y estableciendo los escenarios más terroríficos de la gran tragedia humana.

La novela idealizada por nuestra Dulce saca a la luz los problemas del hombre contemporáneo y sus incesantes contradicciones, que, en la equivocada y frenética búsqueda de la felicidad, a través de las ilusiones del mundo, se hacen cada día más notorias. Estas son las drogas, el hedonismo, el adulterio, el desempleo, la ambición, la envidia, los celos, la corrupción y la delincuencia en general, todos juntos, creando un verdadero tejido dramático, donde personajes comunes, personas del pueblo, como las que encontramos a diario, se interrelacionan, como si fueran nuestros vecinos, familiares, familiares o simplemente nuestros conocidos.

Sin embargo, estos elementos negativos terminan enredándose con otros, contrarios a los positivos, como el conocimiento espírita, el cultivo del Evangelio, la transformación moral – en un duelo de fuerzas entre el bien y el mal –, presente en todo momento en el desarrollo de la trama.

Ahí está el gran mérito del trabajo, el de plantear las implicaciones de carácter espiritual, especialmente obsesivo, que habitan escondidas detrás de nuestras situaciones cotidianas, y que, debido a la periodicidad, ya hemos aprendido a considerar como contingencias naturales, aspectos de la vida en sociedad.

A lo largo, se verán evidentes los principios espíritas en la descripción de los hechos y en los comentarios de la autora, en conceptos tales como: existencia de Dios, reencarnación, comunicabilidad con los espíritus y la Ley de Dios, la Ley del amor, la Ley de causa y efecto, que ordena las composiciones celulares de la materia con la misma armonía y perfección con la que mantiene el equilibrio de las grandes constelaciones estelares del infinito; omnipresente, eterna, inmutable e implacablemente soberana, en palabras del Espíritu de la Verdad, única Ley necesaria para la felicidad y el progreso del hombre.

Haciendo un paralelo constante entre la ley divina y las leyes de derechos humanos, la autora también analiza, desde una perspectiva espírita, las flagrantes deficiencias de la penología actual, sin rehuir el reconocimiento de responsabilidades sociales objetivas, provocadas por el inhumano sistema geopolítico y económico que aun domina la mayoría de las naciones del mundo, particularmente Brasil.

En definitiva, somos los personajes de Dulce, con nuestras limitaciones y defectos, todos reflejados en la hipótesis literaria, pero dueños absolutos de nuestro destino, dotados de libre albedrío y de plenas e infinitas oportunidades de crecimiento moral e intelectual. Inscritos en la escuela de la Tierra, llena de males y miserias, pero también llena de belleza, luz, perfume y sublimidad.

En palabras de nuestro "viejo" Chico Xavier, "ni te imaginas superior, ni inferior, cada uno en su etapa", y añadimos: pero siempre plantando y cosechando, alegrías o disgustos, construcciones o ruinas.

Que Nuestro Señor Jesucristo bendiga al espíritu Dulce y siga sembrando entre nosotros siembras como ésta, que, siguiendo el ejemplo de su predicación entre los quinientos de la Galilea, sin duda aumentarán mucho el predominio del trigo sobre la cizaña, en nuestra enorme plantación.

ANDRÉ LUIS BORDINI,
Abogado
Presidente de la Sociedad Espírita Allan Kardec
RP-SP Ribeirão Preto/SP,
28 de diciembre 1993

DE LA AUTORA ESPIRITUAL:

Según información espiritual transmitida al *Grupo Acostumei*, donde este libro fue recibido mediúmnicamente – de noviembre 1991 a abril 1993, el espíritu Dulce es uno de los tres auxiliares del espíritu Meimei, muy conocido en los círculos espíritas.

Estas tres asistentes, cuando encarnaron, eran Hermanas de la Caridad, habiendo vivido con Meimei; las tres tienen en común el nombre de María, y sus nombres: Domitila, Dulce y Dulcinea.

La autora de esta obra envió innumerables mensajes al *Grupo Acostumei*, a partir de 1986, todos firmados: "Hermana María Dulce."

Sin embargo, considerando que en todo Brasil es bien conocido el nombre de Sor María Dulce, recientemente exiliada en Bahía, después de una existencia sublime, enteramente dedicada a la Caridad, la autora consideró prudente omitir su nombre, así como su condición de religiosa.

De esta manera, evitó la eventual suposición que este libro fuera escrito por aquella incomparable misionera de tierras bahianas.

Nota del médium.
Ribeirão Preto/SP – Noviembre/1993

I PARTE

PLANTACIONES

Semillas Equivocadas

Clidenor tenía quince años cuando la vida le impuso otra prueba, esta vez más dura: lo despidieron de la empresa en la que trabajaba apenas hacía cuatro meses. El hijo mayor, cuyos padres eran pobres y enfermos, ayudaba con su pequeño salario a mantener a sus cuatro hermanos menores.

Todo sucedió tan rápidamente, que le dio la impresión que el mundo se había derrumbado.

La empresa para la que trabajaba era de tamaño mediano, con considerables reservas de inversión y facturación financiera, obteniendo beneficios de la especulación. Formando grandes reservas de insumos agrícolas en el momento de la cosecha, los revendía en la siguiente plantación, con altos dividendos.

Su trabajo había sido difícil de conseguir y si no fuera por su buena mecanografía – la primera prueba eliminatoria –, no habría superado a más de veinte otros postulantes. Luego se sometió y superó exámenes médicos y psicológicos.

Por tanto, no entendió su despido: solo se enteró que estaba despedido cuando, por la mañana, al llegar al trabajo, le impidieron sumariamente la entrada.

El encargado de la recepción solo le dijo que ya no trabajaba allí y que debía esperar en su casa la liquidación de lo que le tocaba recibir.

No pudo decir una palabra.

Angustiado al principio y luego enojado, comenzó a caminar lentamente, luego más rápido, hasta casi correr. Quería alejarse de esa dirección lo más rápido posible.

Se detuvo en una plaza. Se sentó en una banca y empezó a recordar los últimos días, las últimas personas con las que había tenido contacto y las conversaciones con ellas.

– ¿Por qué?

Ésta era la pregunta que se había hecho más de cien veces, sin encontrar respuesta.

Permaneció así absorto, meditando, meditando... No se desesperó.

Revuelta, revuelta, mucha.

En su corazón, poco a poco, el odio empezó a brotar.

Después de dos horas, indiferente a las fragantes flores que lo rodeaban, todo su ser quedó envuelto por el odio. Quería lastimar a alguien, quería destruir algo. Pero, ¿a quién? ¿Qué? Estaba en esa sintonía mental cuando escuchó, de manera inexplicable, que alguien le decía:

– "Fue el señor Salesio."

Se llevó un gran susto.

¿Quién le había hablado?

Miró a su alrededor y no vino nadie. La voz oculta respondió:

– "Fue el señor Salesio."

Ahora Clidenor saltó de la banca y miró alrededor, detrás, a los lados, abajo, y nada...

No había nadie.

Entonces se dio cuenta que, en realidad, no podía haber nadie, ya que había oído la voz "dentro" de su cabeza.

Se tapó los oídos con las manos y pensó que así no escucharía nada más.

– "Fue el señor Salesio" – repitió la voz interior.

Clidenor, un joven de fuerte personalidad, siempre se enfrentaba tranquilamente a la vida con valentía. Prácticamente no tenía miedo de nada: ríos, lagos, caballos sueltos que montaba a pelo, ganado que atormentaba y hería a unos u otros; los animales lo atacaban, los perros enojados, los picotazos de los loros, las caras feas de los profesores cuando les faltaba el respeto y tantas cosas más.

No temía nada.

Siempre valiente, siempre el héroe ante sus compañeros.

Fue un éxito entre las chicas, que competían por su mirada y su compañía. Trataba a todos con desdén.

En casa no respetaba a sus padres, imponiéndoles críticas constantes, haciéndoles sufrir más que la pobreza, casi la miseria, que había sido su compañera inseparable durante años. Su madre le temía. Indiferente hacia las niñas, a quienes le importaban poco, se volvió agresivo hacia su madre.

Los hermanos temblaban de miedo cuando él se enojaba con uno de ellos, ya que generalmente extendía la agresión a los demás.

Su padre enfermo, incapaz de levantarse de la cama debido a un grave accidente laboral en la obra donde había trabajado como albañil, fue tratado por su primogénito como "algo desechable."

Quizás por todo esto, Clidenor no sufrió un shock cerebral al escuchar la voz interior, tan clara.

Cualquier otra persona probablemente se consideraría víctima de pesadillas, si no, de fuerzas diabólicas, entrando en cualquiera de estos casos en un grave desequilibrio mental. O, al menos, en un estado de pérdida emocional, desesperación, pánico.

Clidenor pensó en el señor Salesio.

Fue entonces cuando la respuesta que tanto anhelaba detonó en su cerebro, como una explosión de dinamita: quien lo había despedido era el señor Salesio. ¿Cómo no había pensado en eso antes? Recordó, en dos o tres segundos, que el día anterior había habido una reunión en la compañía, con mucha competencia, según comentarios generales.

Terminada la reunión fue a llevarle el paquete de cigarrillos al señor Salesio, siguiendo su propia orden, dada antes del inicio de la reunión. Cuando recibió la orden, la cumplió con prontitud. Compró la cajetilla de cigarrillos y fue a llevárselo a su jefe. Pero cuando llegó, la puerta ya estaba cerrada y le informaron que no podía interrumpir la reunión. Fue una licitación de alto valor, en la que participaron catorce empresas proveedoras, todas con la esperanza de ganar. En tiempos de crisis financiera como aquella, cualquier acontecimiento similar despertaba el interés de los proveedores, que a menudo recurrían a métodos turbios, no siempre con el objetivo de obtener beneficios, sino solo de supervivencia comercial.

El *"office boy"* esperó a que terminara la reunión y mientras los competidores se marchaban, él entró a la sala sin que nadie le prestara atención.

Clidenor fue al lugar donde estaba el café, para tomar una nueva caja de fósforos y entregársela al señor Salesio, junto con los cigarrillos.

Solo quedó un competidor en la sala, en compañía del señor Salesio. A juzgar por ellos mismos, los dos hombres estaban eufóricos, por lo que no mantuvieron la debida cautela respecto a posibles testigos de su entusiasmo.

Así, o por cualquier motivo, la presencia del joven por los dos hombres no fue percibida.

El competidor que no se había retirado le tendió la mano al señor Salesio y le dijo:

- Bien, muy bien. Ganamos. Tu dinero está aquí.

Y abriendo su maletín sacó un paquete, con una gran cantidad de dinero, en billetes flamantes.

Clidenor, saliendo de la pequeña despensa donde se encontraba, se acercó; se disculpó y le entregó la cajetilla de cigarros y los fósforos a su jefe.

Éste, al verlo, al principio se puso lívido. Sin embargo, poco a poco las venas de su cuello se hincharon. Atrapado en una corrupción flagrante, evidente incluso para los ojos aun inexpertos del empleado, perdió el control. Gritó:

- ¡Fuera de aquí, fuera de aquí!

Clidenor, sorprendido, no comprendía el nerviosismo de su jefe.

Se retiró, humillado.

En ese momento imaginó que la escena que había presenciado era parte de cosas comerciales, pues por allí siempre circulaban grandes cantidades de dinero. Por lo tanto, pensó que se trataba de algún pago, el motivo por el cual no lo sabía y ni siquiera había razones para que él lo supiera.

Salesio; sin embargo, fue traicionado por una conciencia culpable, dejándolo a la razón para, de alguna manera, encontrar cualquier excusa, que seguramente sería aceptada por el empleado: a juzgar si era descubierto, consideró que lo mejor era eliminar a tan inoportuno testigo.

Y eso es lo que hizo.

El despido fue una confesión de culpabilidad incuestionable.

Sin mucho esfuerzo, ahora, escuchando esa voz interna que acusaba a Salesio, dedujo que el jefe lo había despedido porque representaba un grave peligro.

Allí mismo, en la plaza, a Clidenor se le ocurrió una idea: ¡venganza! Con el imperio, ese propósito quedó definitivamente implantado en la mente del joven.

Antes de volver a casa a almorzar, ya tenía en la cabeza una decisión inquebrantable: el señor Salesio pagaría por su despido. Y lo pagaría muy caro.

Ocho días hábiles después de ser despedido, Clidenor recibió un mensajero de la empresa en su casa. Llegó a traer varios papeles para que sus padres los firmaran y una vez que lo hizo recibió un sobre con dinero relacionado con sus derechos laborales. Junto a los papeles y el dinero, el empleado también trajo una pequeña mochila, que contenía algunas de sus pertenencias.

Clidenor, hipnotizado por el oscuro propósito de la venganza, ni siquiera revisó el contenido de la mochila. Le quitó sus artículos de higiene personal y la arrojó debajo de su cama.

Descuidadamente le dio parte del dinero a su madre. Desde su despido, había estado ideando planes y más planes para vengarse del señor Salesio. Salió de casa por la mañana, diciendo que iba a buscar un nuevo trabajo y regresó tarde, ya sin tiempo para asistir a la escuela nocturna.

Dos semanas después, no hubo resultado, ninguna decisión, nada de propósito, no había encontrado otro trabajo y ni siquiera sabía cómo podrían pagar el mal que le habían impuesto de manera tan injusta. Todo porque descubrió lo corrupto que era su exjefe.

Cuando se acabó el dinero recibido de la indemnización laboral, decidió que tal vez sería mejor dejar la venganza para otra oportunidad, si es que surgía alguna. Lo urgente era conseguir un nuevo trabajo.

Tomó su mochila para limpiarla. Sacó el candado que había recibido en la firma cuando fue contratado, para utilizarlo en el casillero individual que le asignaron, candado que compensó en el primer mes, con un descuento automático en su pago.

También se adjuntó con alambre una llave rota a las dos llaves del candado.

De pronto se emocionó: la llave era del auto del señor Salesio. Recordó que días antes de ser despedido le había ordenado acudir a un cerrajero para que le hiciera un duplicado de la llave rota. Cuando la nueva llave estuvo lista, el cerrajero devolvió las dos piezas y Clidenor las adjuntó a su propio llavero para devolvérselas a su propietario. Cuando le entregó la nueva llave se olvidó de los trozos rotos y el señor Salesio ya ni siquiera se acordaba de ellos.

Tomando las dos mitades de la llave, se le ocurrió una idea: ¡ahí estaba la solución a su problema!

Buscó a otro cerrajero, lejos, y encargó una copia.

El coche del señor Salesio estaba delante de la empresa, en el aparcamiento privado de la dirección.

Llovió mucho.

El guardia de la entrada de la empresa se había retirado a la caseta de vigilancia en busca de refugio.

Había muy poca gente en la calle.

Clidenor, que había esperado tres horas escondido detrás de un árbol, vio venir el momento: se deslizó en el estacionamiento. Al notar que la alarma no estaba activada, pues la luz roja interna que lo indicaba en el tablero estaba apagada, abrió fácilmente el auto y subió. ¡Con un cuchillo afilado, en menos de un minuto destrozó toda la tapicería del asiento, hecha de cuero genuino!

Bajó del vehículo, lo cerró y salió rápidamente. Nadie lo había notado.

Estaba eufórico. Estaba feliz.

Con el poco dinero que Clidenor había entregado, la familia se encontraba en un estado crítico de necesidad. Como siempre, por cierto. Y el nuevo trabajo del sustentador de la casa no apareció. Ya no había crédito en el almacén, pulpería ni farmacia. Las facturas de luz y agua estaban vencidas. La pobreza era total. Nuevos intentos y nada: no había puestos de trabajo disponibles.

Clidenor, que ya no iba a la escuela, descargó su frustración con el responsable de todo aquello: el señor Salesio.

Sí, si no lo hubieran despedido, ciertamente su padre y madre no estarían muriendo de hambre, como él. Y todavía estaba en la escuela.

¡El exjefe tuvo la culpa de todo! Recordó la voz que le decía que él era el responsable de su despido y empezó a preguntarse, íntimamente:

– ¿Cómo pasó esto?

– ¿A quién pertenecía esa voz?

– ¿Por qué no la escuchó más?

Al hacer esta última pregunta, escuchó:

– Encarguémonos de Salesio, hijo mío.

Era la misma voz, de alguien invisible, hablando dentro de él.

Esta vez estaba asustado.

Tenía los nervios de punta y ya no tenía control mental absoluto sobre qué hacer. Razonó que ni siquiera había pensado en la "voz" y ésta le había respondido.

Afectado por la anemia, debido a la mala alimentación, se había sentido mareado. Imaginó que tal vez estaba delirando, o volviéndose loco, porque tan pronto como pensó en la "voz", ésta había aparecido. Como la última vez. Y tenía razón, entonces, porque el señor Salesio era el culpable de toda su desgracia actual.

Se puso a reflexionar:

– ¿Quién era la voz?

Él escuchó:

– Soy enemiga de ese pedazo de basura.

Al darse cuenta que podía hablar con la "voz", ahora identificada como femenina, preguntó:

– ¿Qué debo hacer?

– Usa la llave del auto y préndele fuego. El coche está asegurado y por eso se han rehecho los asientos. Pero si dejas algunas pistas, esta vez es posible que la compañía de seguros no compense el incendio.

Clidenor dedujo que cuando inutilizó la silla de auto del señor Salesio no estaba solo, ya que nadie en este mundo lo había visto, por lo cuidadoso que se había portado. La clave, que criminalmente la había duplicado, también era un secreto. Por lo tanto, si existiera tal testigo, solo podría ser un "alma del otro mundo."

Pero, ¿de quién?

Esta vez no obtuvo respuesta.

Empezó a imaginar cómo incendiaría el coche. Optó por la gasolina.

Esa misma noche, tomando un litro de gasolina, se dirigió a las inmediaciones de la residencia del señor Salesio, cuya dirección conocía bien. Esperó para poder elegir el mejor momento. Esperó un rato y pronto llegó el señor Salesio, estacionó el auto frente a la casa y entró rápidamente. Como un simple transeúnte, con una gorra que le tapa las orejas, y el combustible en una bolsa, rápidamente dio la vuelta al frente del auto y vio que el asiento era nuevo, más hermoso que antes. Notó, felizmente, que por suerte, la alarma estaba nuevamente apagada. Pero eso podría significar que el auto pronto sería usado o trasladado al garaje de la casa.

Se escondió detrás de un arbusto en el jardín, preparándose para su gran venganza.

Así escondido, notó algo inesperado: un joven, de unos veinte años, con increíble habilidad abrió el auto de Salesio. Estaba a punto de subir al auto cuando sonó estridentemente una alarma, porque Salesio, por sugerencia de la policía, había reemplazado la alarma anterior, tomando precauciones contra otro ataque, ya que quien había inutilizado los asientos debía tener su llave, ya que, en el momento – en ese momento no se había abierto ninguna puerta –; Clidenor desconocía este hecho y además se había cambiado la cerradura, por el mismo motivo.

Inmediatamente se encendieron todas las luces de la casa. El joven, de un salto, se lanzó a la carrera. Clidenor también se alejó rápidamente. Al ver hacia dónde iba el supuesto ladrón, lo siguió sigilosamente. Varias cuadras más adelante, el joven se encontró con un amigo, en una motocicleta, en dirección opuesta a la calle. Los dos comenzaron a hablar y al parecer, el fracaso se estaba justificando... La moto ya estaba en marcha, para sacar a la pareja, cuando Clidenor, valiente, se acercó.

Sin temor alguno, le dijo al fugitivo:

– Si quieres, puedo ayudarte la próxima vez.

Estacionando la motocicleta, los dos hombres, muy jóvenes, miraron a Clidenor con una mirada de odio, fruto del miedo a sentirse descubiertos.

– ¿Ayudar en qué?

– Ayuda con el coche...

– ¿Qué coche?

– El que abriste y sonó la alarma.

Por el imprevisto y por ser cierto, el joven fue tomado por sorpresa.

Se traicionó a sí mismo:

– Entonces ¿lo viste?

– Sí. Lo vi todo.

Al bajar de la motocicleta, donde iba conductor, el frustrado ladrón dijo:

– Así que ahora eres peligroso para mí.

– Para nosotros – dijo el otro joven que iba en la moto. Dicho esto, se lanzaron sobre Clidenor.

Rápido como un rayo, el joven saltó hacia atrás y casi inexplicablemente, debido a la rapidez de su gesto, apareció en su mano un cuchillo afilado.

Los dos amigos se detuvieron.

Se creó un callejón sin salida entre los tres.

Clidenor, con agilidad mental, controló la situación:

- Trabajemos juntos. Puedo ayudar mucho.

- ¿Qué garantía nos das?

- Odio al dueño de ese auto y haré todo lo posible para vengar el daño que nos hizo a mí y a mi familia.

Incluso entre las personas marginadas hay sensibilidad.

Los dos amigos captaron la sinceridad del joven desconocido y relajaron la tensión del momento.

No fue difícil que allí, ya entrada la noche, con hermosas estrellas como testigos, se firmara un pacto.

Los tres, después de varias ideas, acordaron una acción siniestra contra Salesio...

Cosecha Desafortunada

El secuestro es un delito que ha sido cometido por el hombre desde su existencia sobre la faz de la Tierra.

Desde la antigüedad, hasta donde tenemos información histórica y hasta hace poco, solo existían secuestros, de adultos, por pasiones abrumadoras, o de bebés, para aliviar la frustración de las mujeres infértiles, deseosas de maternidad.

Actualmente, el factor financiero predomina y controla esta atrocidad: secuestro de adultos o niños para obtener enormes recompensas.

Se trata, en cualquier caso, de un mal irreparable.

La legislación de varios países lo define como un crimen atroz.

Los secuestradores, si tuvieran alguna idea del daño que causan, ciertamente nunca secuestrarían.

De hecho, tienen una idea, pero, ambiciosos o vengativos, se dejan llevar por sentimientos tan negativos.

Ambición y venganza: la primera, amada hija del orgullo, hermana gemela de la vanidad y la envidia; el segundo, descendiente directo del odio, que es la manifestación opuesta del amor.

Desde cuando José fue secuestrado por sus hermanos; desde cuando secuestraron a las Sabinas; desde cuando los pueblos primitivos, al ser dominados, fueron cruelmente transformados en esclavos; desde cuando millones y millones de africanos fueron llevados como esclavos a otros continentes; desde cuando horrendas maquinaciones políticas impusieron dolorosos exilios... hasta llegar a nuestros días, cuando los titulares policiales incluyen decenas y decenas de secuestros, en todos estos tristes episodios, la crueldad siempre ha sido la única brújula para definir el curso de acción.

Y no es raro que tales acciones comiencen de una manera y terminen de otra, más complicada.

Luego, siempre usando la misma brújula, se toman nuevas acciones para corregir el rumbo, haciendo que todo el proceso sea más engañoso e infeliz.

Las lágrimas derramadas son infinitas. Los traumas que el secuestro deja en el alma de las víctimas y sus familiares duran décadas, hasta su extinción. E incluso después de extinguirse, todavía resuenan en los rincones más íntimos de las almas afectadas.

En materia de reencarnación, no puede equivocarse quien afirme que la persona secuestrada, después de ser liberada, pasó por una vida terrenal y emergió en otra vida, ahora acompañada de terribles consecuencias.

Los postulados espíritas, siempre sobrios, calmantes del dolor espiritual, balmizantes de las heridas del alma, junto a la razón, lógica, en fin, enseñan que la Ley divina de Causa y Efecto actúa sabiamente, en todo.

Por lo tanto, en los secuestros las víctimas y sus familiares están en proceso de ser rescatados; los secuestradores; sin embargo, y por desgracia, están en proceso de endeudarse voluntariamente.

El trío conspiró para secuestrar a la hija de Salesio, que solo tenía seis años.

Todas las informaciones relativas a la familia del señor Salesio fueron transmitidas por Clidenor: cuando trabajaba en la empresa donde su enemigo era director, a Clidenor le habían encomendado varias veces la tarea de llevar algunos útiles escolares a donde estudiaba la hija del jefe. Clidenor no conocía a la niña, porque siempre entregaba el material en la oficina del colegio o a la empleada doméstica que se encargaba de llevarla y recogerla.

Sabiendo dónde estudió, en la escuela preescolar, sabiendo que el ama de llaves fue quien llevaba y recogía a la niña, no fue difícil para los tres jóvenes delincuentes lograr llevar a cabo el secuestro, incluso con relativa facilidad.

A una cuadra de la escuela, uno de los socios distrajo la atención de la empleada doméstica, mientras otro, en una motocicleta, se llevó a la niña, convenciéndola de aceptar el viaje, llamándola por el nombre de Letícia, mientras decía el nombre de su padre, Salesio, y el empresa para la que trabajaba, e incluso el nombre de su madre, Ángela.

Clidenor, aunque todavía en los años verdes de su juventud, impuso un mando psíquico al trío. Él era el líder.

Planificó las acciones y ayudó a esconder a la niña secuestrada en un edificio abandonado que conocía. Su padre había trabajado allí y había ido varias veces a llevarle el almuerzo.

La obra, inacabada, estaba a la venta, pero todavía no había surgido ningún pretendiente. El propietario, residente en una ciudad lejana, tenía intención de vivir allí, considerando un traslado profesional. Después, cuando este cambio se hizo sin efecto, además de no tener dinero para continuar la obra, solo venía a examinarla de vez en cuando.

Y siempre que hacía esto, iba primero a casa del viejo albañil, el padre de Clidenor, quien recibía poca o ninguna recompensa "por cuidarlo." De hecho, quien se encargó de esta tarea fue Clidenor, que ahora pretendía sacar provecho de este lío: sería el escondite ideal para retener a la niña, el tiempo necesario, hasta que su padre pagara el rescate que le pedirían.

Letícia estaba precariamente instalada en el edificio, siendo vigilada permanentemente por Clidenor. La niña solo conoció al motociclista que la secuestró y a Clidenor, quien pasó la mayor parte del tiempo escondido.

Pasaron cuatro días.

La niña lloraba sin parar.

Poco después del secuestro, Clidenor ordenó a uno de sus cómplices que utilizara un teléfono público para llamar al señor Salesio: se le exigía una elevada cantidad por el rescate, además de la prohibición de pedir ayuda policial.

Al quinto día se llevó a cabo una complicada operación para pagar el rescate exigido. Los dos cómplices de Clidenor, a quienes Salesio no conocía, se encargaron de recibir el dinero. Clidenor, actuando con astucia, evitó estar presente o incluso en las inmediaciones del lugar donde se entregó el dinero.

Después del pago, la niña fue devuelta cuidadosamente y dejada lejos del lugar de cautiverio.

Durante los días que la niña estuvo presa, Clidenor sintió una inmensa satisfacción leyendo los periódicos y viendo el sufrimiento del señor Salesio en la televisión.

Su venganza fue perfecta.

Y, además, salió del evento con dinero.

El trío compartió la suma y cada uno siguió su propio camino. Clidenor ni siquiera sabía la dirección de sus compañeros del crimen. Por eso, con asombro, al día siguiente vio los titulares de los periódicos: la policía había matado a los dos secuestradores, que eran hermanos. Solo a través de los periódicos Clidenor se enteró de esta importante información.

El informe afirmaba que, borrachos, hablaban demasiado en un bar, en la mesa de dominó, queriendo apostar grandes cantidades.

Bebían y jugaban mucho. Cada vez que perdían, pagaban con billetes nuevos y de alto valor. Uno de los compañeros de juego era un policía retirado, quien sospechaba que solo con alguna "estafa" podían esos dos, a quienes conocía de vista, tener tanto dinero. Una vez alertada la policía, se buscó a los jóvenes para investigarlos, sin que los policías sospecharan del secuestro, pero sí asumiendo que algún robo debían haber realizado los muchachos. Hubo reacción e intercambio de disparos. La policía había tomado la delantera. En la casa donde vivían se encontraron recortes de periódicos sobre el secuestro, así como más de la mitad del monto pagado por el rescate.

Al concluir el reportaje, el periódico publicó una fotografía de los dos delincuentes eliminados.

Sí, eran sus compañeros del secuestro.

En la investigación policial que se inició para investigar el crimen se demostró, con base en declaraciones de la niña secuestrada, que "hubo dos secuestradores." Letícia, a petición de su padre, se libró de ver los cuerpos de los secuestradores, para un posible reconocimiento, sobre todo porque hubo una recomendación de un psicólogo al respecto. Considerando que se recuperó la mayor parte del dinero y que los dos delincuentes habían sido eliminados, el caso se dio por resuelto y cerrado.

Salesio tomó precauciones para que su hija no viera ninguna noticia sobre el secuestro, evitando así mayores traumas.

De esta manera, Salesio y su esposa se sintieron parcialmente consolados y reconfortados, con el regreso de su hija sana y salva, y principalmente, con la muerte de los secuestradores. La familia viajó, yendo a pasar un mes en la casa de playa que poseían, lejos de donde vivían.

Clidenor, astuto, en los días siguientes al secuestro, no mostró a nadie su parte económica resultante del secuestro. Escondió el dinero y mantuvo el mismo nivel de vida, con pruebas visibles.

Tiempo después, alegando que no encontraba trabajo en esa ciudad, visitó a una tía en la capital y se quedó allí. Ayudado por su tía, consiguió un trabajo entregando pedidos especiales, sin regresar nunca a su ciudad. Manteniendo absoluto control mental sobre sus sentimientos, fue gastando poco a poco el dinero del secuestro, siempre alegando que era fruto de propinas.

Pidió a su madre sus documentos escolares y sin dificultad volvió a sus estudios por las noches, sin dejar de trabajar durante el día.

Enviaba algo de dinero a su madre todos los meses.

Pasaron cinco años.

El dinero del secuestro se había agotado hacía tiempo, sin problemas para Clidenor, que no sentía ningún remordimiento. Por sus méritos fue ascendido, consiguiendo un mejor puesto y salario, como encargado de paquetería aérea, en la misma empresa en la que se inició como repartidor. Demostrando una rara competencia en su puesto, fue ascendido nuevamente, esta vez a director general de pedidos aéreos internacionales.

Fue entonces cuando la infelicidad visitó su espíritu de una vez por todas: se convirtió en narcotraficante, actuando con incomparable astucia a la hora de enviar "órdenes."

En su nuevo cargo, desarrolló una estrategia tan ingeniosa como sencilla: órdenes ordinarias, realizadas por gente corriente, sin problemas con la Policía, hacían que Clidenor deshiciera el paquete, quien luego añadía la droga para exportar clandestinamente, rehacía el embalaje, dejando la contraseña imperceptible para personas desprevenidas; en el destino, antes de ser entregada al destinatario, un cómplice realizó la operación contraria: abrió el paquete, sacó la droga, lo volvió a envolver, sin sospecha alguna del dueño del paquete oficial. Como resultado, Clidenor se hizo casi rico en los casi tres años que trabajó en esta área.

Su comportamiento con las mujeres no había cambiado en nada, al contrario, cada vez les faltaba el respeto, sobre todo cuando alguna se enamoraba de él.

Era inexorable: todas las personas forman una atmósfera astral a su alrededor.

Si el planeta Tierra no tuviera seres humanos en su superficie, podríamos decir que la atmósfera astral terrestre sería homogénea.

Pero eso no sucede.

Si bien la psicósfera terrestre es el promedio ponderado de todos los hombres, encarnados y desencarnados, en realidad, cada ser tiene su propia aura.

Y esta aura es una atmósfera particular.

Las personas, los miles de millones de personas que viven en el mundo, considerados los otros miles de millones de espíritus desencarnados, influyen decisivamente en mucho de lo que sucede en este mundo.

Considerando además que estamos en una escuela de expiación y de pruebas, aquí casi todo gira en torno a los problemas.

El mundo, en sí mismo, no es malo. Al contrario: ¡es genial!

Pero las miles de toneladas de contaminantes de todo tipo que ensucian el planeta cada día nos permiten fácilmente que establezcamos un paralelo, ya que también, cada día, millones y millones de crímenes, actos deshonestos y pensamientos infelices cruzan todos sus aires: las personas viven en una maraña de formas pensamiento, algunas creadas por ellos mismos y el resto por otros espíritus, encarnados y desencarnados.

¿Cuál es el contenido moral de estas formas pensamiento?

Casi siempre de egoísmo, preocupación, angustia.

Ahora bien, quien actúa y transita por el camino del mal, atrae hacia sí compañías de idéntica sintonía.

Es inexorable, repetimos. Es la Ley de Atracción, que actúa en todo el Universo, como es ley divina, también conocida como "causa y efecto."

Fue en este punto que Clidenor, formando una atmósfera pesada a su alrededor, comenzó a vivir en un clima espiritual nocivo. No había otra razón para que, arraigándose en el mundo de las drogas, actuando como narcotraficante, pronto comenzara a disfrutar de los bienes materiales, pero a sufrir las influencias nocivas de ese nivel.

Aunque indirecta y parcialmente, se hizo responsable de cientos de nuevos adictos.

Sin familia, sin amigos, despreciando el cariño de las chicas que intentaban acercarse a él y sobre todo sin metas elevadas, no le resultó difícil convertirse él mismo en consumidor de drogas.

A su alrededor, enjambres de espíritus desencarnados, drogadictos, exigían un consumo cada vez mayor, para poder disfrutar simultáneamente de las sensaciones, que les eran transferidas de forma vampírica.

Una vez que hubo un fracaso en la recepción, en el destino de los "paquetes", en el otro continente, su mundo de faltas comenzó a desmoronarse.

El caso es que la policía del otro país pilló *in fraganti* a su parcero, que actuaba como receptor. Llevado a los tribunales, llegó a un acuerdo con el Ministerio Público y explicó detalladamente cómo se llevaba a cabo la operación de envío/recepción de sustancias tóxicas desde Brasil.

Este receptor no conocía a Clidenor: ambos eran miembros de una poderosa banda internacional, que desde hacía muchos años suministra sustancias tóxicas al mercado exterior.

Esta banda tenía innumerables otros medios y dispositivos para eludir la ley y llevar las drogas desde el origen hasta el destino. El país de Clidenor fue un intermediario en la ruta.

Lo que utilizó Clidenor fue solo uno de los innumerables dispositivos utilizados.

El fiscal extranjero informó a las autoridades policiales y aduaneras, poniendo en marcha un plan internacional para detener a los implicados, si es posible a toda la banda.

Así, aunque tardó casi un año, la Policía, debidamente instruida por la Organización Internacional de Policía (INTERPOL), de la que formaba parte el país de Clidenor, realizó varios encargos a las aerolíneas. Se tuvo cuidado de hacer marcas, conocidas solo por la policía, en puntos estratégicos del paquete, imitando el mismo procedimiento ilegal utilizado por los traficantes. El destinatario de todas las órdenes era un empleado del Ministerio Público. El policía, al realizar el despacho, sin ser advertido, anotó los datos de los despachadores en los mostradores de las aerolíneas que utilizaba.

Esta operación se repitió varias veces, hasta reunir pruebas incuestionables contra Clidenor.

El joven que un día abandonó su pueblo natal luego de perpetrar un secuestro quedó irremediablemente perdido; delito que resultó en la muerte de los otros dos socios; un joven que por su competencia había alcanzado una excelente posición profesional; donde, por desviación de comportamiento, se convirtió, primero, en un intermediario cotidiano entre el drogadicto y el adicto, y luego, aun más lamentable, en un cautivo de la adicción. Fue detenido, juzgado y condenado a tres años de prisión.

Como pertenecía a una poderosa organización criminal, le hizo saber que, si por algún casual daba algún testimonio indebido, poniendo en riesgo a la pandilla, sería eliminado sumariamente. Fue a la cárcel, cumplió parte de su condena, menos de la mitad, cuando los poderosos abogados de la organización criminal consiguieron su libertad.

Incluso en prisión siguió vinculado al crimen. Se convirtió en enlace entre la pandilla y un grupo de ex prisioneros que trabajaban activamente con otros adictos, desafortunadamente la mayoría.

Liberado, continuó como narcotraficante, sin pasar nunca el día sin inducir a algún incauto al tormento de las drogas, engañosamente presentadas como éxtasis.

Como drogadicto, suicida indirecto, irrespetó el préstamo de un cuerpo físico hecho por Dios, destinado a proporcionar progreso, destruyéndolo por las consecuencias derivadas de la adicción.

Narcotraficante y adicto, acumuló pesadas nubes sobre sí mismo, que solo mediante un ejercicio vigoroso de la voluntad se disiparían.

La voluntad es el corolario de los tres aspectos divinos que el Creador dispensa a todos los espíritus, cuando se humanizan, provenientes del reino irracional: inteligencia, libre albedrío y conciencia. Juntas, estas tres facetas peregrinas del espíritu, que se expresan a través de la voluntad, proporcionan a todos los hombres las condiciones para su evolución, hacia la perfección posible, la de los espíritus puros.

¡La ruta de la evolución es la marcada por Jesús!

Así, Clidenor solo volvería a tener paz cuando la fuente del dolor lo visitara obligatoriamente o surgiera en él el arrepentimiento, imponiendo ambos la inevitable corrección de los procedimientos, en una intensidad proporcional a las desviaciones.

Erosión en la Mente

Han pasado diez años desde el secuestro.

En la compañía, Salesio había ascendido a la vicepresidencia. Letícia, de dieciséis años, trabajaba junto a su padre, como subsecretaria del consejo de administración.

El gerente de recursos humanos llegó a la oficina de Letícia y le pidió que buscara un nombre determinado en el "libro de registro de empleados", para ayudar al director de personal. Este libro, totalmente completado y ya archivado, se refería a antiguos empleados, uno de los cuales, ya fuera de la empresa, había solicitado ahora una fotocopia para adjuntarla a su expediente de jubilación.

Letícia encontró el libro en el archivo y, al llevarlo al director de personal, lo dejó caer accidentalmente. Al caer, el libro se abrió revelando el expediente de un empleado que ya no trabajaba en la empresa.

Cuando se agachó para recoger el libro, la niña se llevó un gran shock: conocía a esa persona e inmediatamente recordó quién era: ¡uno de los secuestradores!

De hecho, su memoria no le falló: la foto era de Clidenor.

Buscó a su padre y le contó el terrible descubrimiento.

Salesio, solo después de escuchar innumerables detalles sobre el secuestro de su hija, creyó que era realmente cierto: su ex empleado era uno de los secuestradores.

Muchas cosas quedaron claras: meditando sobre los acontecimientos de aquella época, no tuvo dificultad en comprender el misterio que rodeaba no solo el secuestro, sino también los daños a su coche. Se convenció que aquel "oficinista" que lo había saqueado con flagrante deshonestidad se había convertido en el vengador que tanto daño le había hecho.

Usando su influencia, buscó a las autoridades policiales y logró reabrir el proceso de secuestro. No fue difícil reunir pruebas irrefutables, que culminaron con la condena de Clidenor a ocho años de prisión.

Por razones de seguridad, como reclusos de la cárcel local amenazaban su vida, Clidenor fue trasladado al penal de la capital, donde, de hecho, tenía residencia y domicilio.

En las distintas sesiones que tuvieron lugar en la Corte, Letícia miraba a Clidenor, sin creer que aquel joven tan apuesto pudiera ser malo.

El hecho que fuera un traficante de drogas, un ex convicto, aun mayor fue la sorpresa íntima de Letícia.

Pero, aun con tantos problemas, Clidenor despertó en ella algo indefinido. Ni amor ni odio, solo sentimientos contradictorios, a veces de lástima, a veces de rechazo, a veces de atracción...

El odio recíproco de Salesio y Clidenor asombró a las autoridades presentes en el juicio, incluso a las más acostumbradas a lidiar con tanta disensión humana.

＊＊＊

Desde que su coche fue dañado maliciosamente y su hija secuestrada, Salesio había ido cometiendo más actos deshonestos.

Siempre muy bien disimuladas, las faltas de las que era autor le hicieron conocer profundamente la legislación relativa a los concursos públicos, participando cada vez más en ellos, en beneficio propio.

El largo tiempo en el cargo le dio, al principio, contacto con los vendedores, y luego, con los propietarios de las empresas proveedoras.

Involucrándose en política, influyó en varios empresarios para que colaboraran con las elecciones municipales, bajo promesas de futuro. Participando así en la elección de Alcalde, obtuvo el cargo de Secretario de Hacienda del municipio, habiendo ayudado mucho en la campaña.

Cauteloso y hábil, bajo los auspicios de la moral administrativa, él mismo preparó todos los avisos de "invitaciones", "listas de precios" y "licitaciones."

En todos los procesos comprometió los resultados, obteniendo ganancias espurias; cumplió así sus promesas preelectorales.

Al redactar los anuncios de convocatoria, introdujo, como factor preponderante, cláusulas relativas a las fortalezas de los competidores, determinando así quién ganaría la licitación.

De mutuo acuerdo, postor y licitador acordaron previamente el porcentaje adeudado.

No pasó mucho tiempo para que muchos de los proveedores que habitualmente participaban en licitaciones municipales concluyeran que "el juego era con cartas marcadas."

Indirectamente, el alcalde fue informado de esto. Salesio se hizo rico, de una vez por todas. Sin embargo, como parece todo en este mundo, nada queda "escondido bajo el Sol", según el sabio dicho eclesiástico, he aquí, la "espada de Damocles"[1], sobre él, sostenida por un frágil hilo, éste se rompió.

Cuando se reabrió el caso por el secuestro de Letícia, su madre, Ángela, empezó a sufrir fuertes dolores abdominales. Al principio, los médicos pensaron que eran reflejos de la tristeza que le provocaban todos esos recuerdos. Al pasar por varias consultas médicas, los diagnósticos fueron contradictorios. Incluso después del final del juicio de Clidenor, el dolor no cesó: al contrario, aumentó. Por lo que, por recomendación médica, fue derivada a un centro médico especializado de la capital.

Ni siquiera allí obtuvo alivio. El dolor no disminuyó.

No pasó mucho tiempo y la enfermedad de su esposa ya perjudicaba el negocio de Salesio: varias veces se había ausentado de sus funciones, tanto políticas como financieras. Semejantes ausencias, que se multiplican por el empeoramiento del estado de salud de la mujer, no perjudicarían en modo alguno la estabilidad profesional, si el empleador fuera otra persona. Así, al no estar obligado a estar siempre al frente de los acontecimientos de su cargo, no pasó mucho tiempo antes que Salesio fuera reemplazado.

Sufrió un duro golpe cuando el Alcalde lo reemplazó, de hecho, porque había demostrado que su actuación hacia la Secretaría fue deshonesta. Había tantos indicios de los fraudes del Secretario de Hacienda que, realizando una auditoría secreta, se comprobaron los innumerables fraudes cometidos en las licitaciones.

---

[1] N.E Imagen que designa un peligro inminente.

Temeroso de escándalos y revueltas que seguramente comprometerían su administración, el Alcalde despidió a Salesio, alegando la enfermedad de su esposa. También silenció a los denunciantes, prometiéndoles exactamente lo mismo que su exsecretario: participación compartida entre ellos en futuras licitaciones. Como pronto se llevaría a cabo un proyecto de gran envergadura, la construcción de tres mil viviendas populares, todo encajó. Y, además, agradó a los funcionarios del gobierno que habían concedido la importante suma de dinero, nombrando en su lugar a Salesio, sobrino de una de las autoridades "donantes."

"Todo muy legal, todo muy honesto..."

Cuando su esposa estuvo enferma, Salesio gastó mucho. Sin resultados.

Despedido de su cargo político, intentó regresar a su antigua empresa, que dejará como vicepresidente.

Su intento no tuvo éxito, ya que su antiguo puesto había sido ocupado por uno de los directores quien, a cambio, había inyectado una cantidad importante en el patrimonio de la empresa, adquiriendo un gran lote de acciones.

Salesio, perdiendo su puesto en la empresa y al darse cuenta también que su reputación en la ciudad era la de un corrupto, ante varias llamadas anónimas que recibió, decidió mudarse a la capital, sobre todo porque allí estaban Ángela y Letícia, la primera en tratamiento médico y la segunda, como acompañante. Conocía el origen de las amenazas, pero nunca podría demostrarlo: las decenas de empresas y personas que quedarían arruinadas si confesaba la inmensa lista de deshonestidades cometidas.

Aterrado, por las amenazas que seguía recibiendo, siempre de forma anónima, abandonó la ciudad rumbo a la capital. Antes, a toda prisa, vendió sus acciones de la empresa a cualquier precio, necesitando equilibrar sus finanzas y su vida de gratificaciones, ambas seriamente comprometidas.

En un plazo de cien días su vida cambió.

En la capital abrió una oficina para asesorar a empresas necesitadas de fondos públicos.

Su microempresa era una, entre muchas, de las comúnmente conocidas como "lobbistas", que últimamente se proponen ofrecer "planificación y asesoramiento financiero."

Durante el tiempo que desempeñó actividades ligadas a su cargo político conoció a muchas personas: empresarios, vendedores; políticos y diversas autoridades. Había anotado en un cuaderno, de tapa negra, detalles privados de las personas con las que se relacionaba, así como los "negocios" relacionados con ellas. Salesio mantuvo este archivo actualizado, casi cada hora, manteniéndolo bajo llave. Nadie, nadie en absoluto, sabía de su existencia. Tuvo cuidado de tomar nota de los detalles de sus invitados para las rondas de whisky que, promocionaba, siempre en restaurantes de alta cocina. Allí, el cuaderno siempre estaba lleno de útiles extras, de "buena calidad", como información importante. Siempre indiscretos, se sentían liberados por los efectos de la bebida. No pasó mucho tiempo y Salesio tenía una lista de personas a las que debía buscar cada vez que hubiera interés en liberar fondos oficiales.

Así, visitando "a las personas adecuadas, en los lugares adecuados", naturalmente en círculos influyentes, participantes en algunos de sus antiguos negocios, logró promover préstamos a los municipios, embolsándose una parte, como "compensación por honorarios y gastos generales."

Se volvió arrogante. Inconveniente, por tanto, para muchas personas...

Los médicos desahuciaron a su esposa. Había perdido peso a niveles peligrosos.

Se contrató a una empleada doméstica, ya que no podía realizar las tareas domésticas, y Letícia casi tenía casi todo su tiempo tomado en el examen de ingreso a la Facultad de Derecho.

La sirvienta, una mujer sencilla y amable, se condolió por el estado en el que se encontraba Ángela, le sugirió, muy temerosa, "buscar el Espiritismo."

Al no encontrar objeciones, como ocurre siempre cuando el dolor está presente, la mujer añadió detalles: conocía un Centro Espírita donde se realizaban sesiones mediúmnicas, que siempre fueron muy populares. Una vez al mes, una "médium especial", de otro Estado, acudía a ese Centro para realizar "operaciones espirituales." Cada mes se atendían de diez a doce casos. El servicio se realizaba en una sola noche.

A Ángela le resultó difícil convencer a su marido que aceptara, ya que no podía hacerlo sola. Además, como había numerosos pedidos, no podría recibir ayuda hasta pasados muchos meses, porque, según le dijo la criada, la cola era enorme, más de doscientas personas.

Sumamente molesto, Salesio aceptó.

No le gustaban los temas relacionados con las religiones, especialmente "lo de macumbeiros..."

Junto a su esposa, asistió al Centro Espírita, convencido que con su prestigio y dinero, Ángela se adelantaría a todos y sería atendida de inmediato.

Cuando llegó a la dirección del Centro ya estaba molesto porque la calle no estaba pavimentada y su auto estaba lleno de polvo. Y además, al llegar allí, notó que en una habitación había numerosas personas. La apariencia de las personas denotaba pobreza, en la mayoría de los casos. Buscó la recepción, siendo atendido por un señor mayor, encargado de dirigir a los enfermos.

Aunque fueron recibidos fraternalmente, a Salesio no le agradó el hombre.

Ya en esa primera entrevista, una gran lección: ahí, todo era gratis, siguiendo los preceptos de Jesús, cuando recomendaba *"que gratuitamente se dé lo que gratuitamente se recibe..."* El entrevistador de Salesio no le dijo esto directamente: cuando, inicialmente, se le hizo la propuesta de pasar a la esposa delante de a los demás, a cambio de una recompensa sustancial, le mostraron un cartel muy sencillo con esa frase de Jesús tan olvidada.

Ángela empezó a llorar.

Salesio, sumamente molesto, intentó irse. La humillación había sido grande, aunque él era el único culpable de ello. No podía entender cómo su dinero, que lo compraba todo, que abría cualquier puerta, resultaba inútil.

La enferma, también humillada por la actitud de su marido, lloró de pena. Actuando con pureza de sentimientos, se arrodilló frente al entrevistador y le suplicó:

– Mi señor, por el amor de Dios, ayúdame. Me siento muy mal y siento que no duraré mucho. ¿No hay nada que puedas hacer?

El tono era suplicante, y el hombre, conmovido por la compasión, incluso cuando entendía claramente cuánto necesitaba Ángela, la consoló:

- Hermana mía: ora y espera con fe, porque Dios, nuestro Padre, ciertamente concederá tu petición de restablecer tu salud, si lo mereces.

Y añadió, reconfortantemente:

- Nuestras oraciones siempre son contestadas. Si no te recuperas por completo, los espíritus protectores te darán fuerza espiritual para superar todos los problemas. ¡Por supuesto!

Ángela, reequilibrada por las amables palabras de aquel desconocido, le dio las gracias y se despidió. Ella se iba, con Salesio, cuando entró un joven, con una contraseña en la mano:

- Señor Antônio, vine a devolver el boleto para la cita de mi madre, que no pudo venir porque tenía que viajar con prisas para ver a mi tío, su hermano, que se está muriendo.

Le devolvió la contraseña, le dio las gracias y se fue.

Antônio estaba de pie con la tarjeta numerada en la mano, mirando a Ángela. Abrió un cajón y sacó una carpeta que contenía una lista de todos los solicitantes de consulta. Concluyó, íntimamente: "esto me parece una señal del plano superior... solo puede ser...."

Sin demora, le pasó la tarjeta a Ángela, quien estaba feliz y no podía ni decir una palabra.

- Gracias a Dios - dijo finalmente.

- Gracias a Dios - dijo Antônio a coro. Y aclaró:

- Te doy este número, ya que no habría tiempo suficiente para llamar a la primera persona de la fila, que vive en una ciudad vecina.

Ángela y Salesio no comprendieron esta probable "falta de tiempo." Ante esta duda, Antônio informó, con una sonrisa amistosa:

– El día de la cita es hoy, comienza en menos de dos horas...

Informando la necesidad de preparación espiritual para ese compromiso, Antônio sugirió a la pareja ir al salón, permaneciendo allí en oración.

Ángela, más que feliz, besó la mano de Antônio, quien, emocionado, le devolvió el gesto.

Salesio, incrédulo y molesto, no dijo nada. Simplemente acompañó a la mujer al salón.

Sin "una pizca" de fe por parte de su marido, la pareja entró en el humilde salón, donde las paredes descoloridas contrastaban con los refinados ambientes sociales que a menudo frecuentaban.

A Salesio no le gustaba el ambiente. Ellos se sentaron.

Acostumbrado al lujo y al confort de todos sus entornos profesionales, le resultaba extraño tener que sentarse en esas toscas sillas.

– "Esas paredes – pensó Salesio –, hace tiempo que necesitan una buena pintura, para quitar tanta suciedad..."

Continuó con sus reflexiones íntimas:

– "También, con estas personitas..."

Todo lo que había allí le desagradaba.

Sin embargo, lo que más malestar causó fue la gente: el estatus social inferior de todas las personas que vio era evidente. De hecho, no todos: algunas personas parecían disfrutar de un mejor nivel, ya sea por su apariencia, su vestimenta o su postura.

Al frente de la sala, sentados alrededor de una mesa, un grupo de personas, demostrando también una condición humilde. A Salesio tampoco le gustó eso. Imaginó que eran los directores y que "pronto empezarían a tocar tambores y a beber aguardiente."

Miró a su alrededor, como si buscara algo.

Se preguntó:

- "¿Dónde están los instrumentos, las velas, las gallinas negras, los collares, la grasa, la farofa?"

Más de media hora después, se dio cuenta que en la habitación reverberaba suavemente música clásica que emanaba de una simple grabadora.

Ángela estaba temblando.

Desde que entró en esa habitación, su cuerpo se sentía frío, como si la sangre hubiera dejado de circular.

Más de una hora después, la luz se atenuó y alguien en la mesa dijo una oración. Se inició con el "Padre Nuestro" y luego se pidió a Jesús y a "los amigos espirituales" que bendijeran ese encuentro, sanando a todos los que Dios permitiera, según el mérito de cada uno.

Salesio quedó sorprendido por la sabiduría de la oración: no esperaba que tanta lógica fuera tan simple, con tanto respeto a Dios, todo proveniente de "gente ignorante", según su criterio de aquel ambiente.

La música, en un tono suave, enmarcó las sencillas palabras de la oración, produciendo un bienestar inmediato para todos, o casi todos los presentes.

Una vez concluida la oración, la luz volvió a brillar por completo. Una señora de mediana edad, como presidiendo la reunión, se levantó y dijo:

– Empezaremos a atender a los pacientes registrados, llamando de uno en uno. Quien sea llamado debe entrar solo a la cámara de pase.

Dicho esto, indicó cuál era la puerta de ingreso a la citada cámara. Y continuó:

– Los demás, por favor permanezcan en oración, aquí en este recinto. Es muy importante que todos oren, ya que las oraciones, sumadas, tienen la propiedad de alcanzar niveles superiores de espiritualidad.

Nuevamente Salesio consideró que la lógica estaba presente en aquellas palabras: habiendo llamado a la unión, aquella señora se hizo eco del centenario dicho popular: "la unión hace la fuerza."

Entonces, otra persona en la mesa tomó un libro y dijo:

– Hermanos: en mis manos, *El Evangelio según el Espiritismo*. Jesús guía la mejor lección para todos los aquí presentes, encarnados y desencarnados.

Salesio pensó cómo un "desencarnado" podía estar allí...

Como adivinando la duda, que tal vez no provenía de una sola persona, el hombre del Evangelio aclaró que donde estamos, siempre nos rodean espíritus afines, en número mucho mayor de lo que imaginamos; conocen las cosas ocultas de nuestra alma, conocen nuestros pensamientos e influyen constantemente en nuestras acciones; también los espíritus protectores siempre nos alientan hacia el bien; sin embargo, cuando actuamos incorrectamente respecto a las leyes divinas, se arrepienten, no deteniéndonos, por respeto a nuestro libre albedrío, alejándose. Siempre debemos tener presente la recomendación del Apóstol de los Gentiles, Pablo, al sentir esta verdad en su alma, advirtió sobre la *"nube de testigos que nos rodea."*

Después de esta breve introducción, el hombre abrió el Evangelio al azar. Informó a los presentes que se había abierto la página en el Capítulo X – "Bienaventurados los misericordiosos." Leyó el Capítulo V, ítem 7, el Capítulo VI, ítems 14 y 15, y el Capítulo XVIII, versículos 15, 21 y 22 de Mateo, y después, el comentario de Allan Kardec:

"La misericordia es el complemento de la dulzura, porque el que no es misericordioso no sabría ser apacible y pacífico; consiste en olvidar y perdonar las ofensas. El odio y el rencor denotan un alma sin elevación, sin grandeza; el olvido de las ofensas es característico del alma elevada que está por encima de los insultos que se le pueden dirigir; una está siempre inquieta, desconfiada y llena de bilis; la otra está tranquila, llena de dulzura y de caridad."

Salesio quedó sorprendido por las enseñanzas presentadas. Nunca había oído nada parecido. Nunca podría imaginar que, en un lugar tan pobre, algo pudiera, de manera tan perturbadora, tocar sus sentimientos, su corazón y especialmente su cerebro.

Si bien hubo algunos comentarios por parte del director del encuentro, sobre el tema evangélico leído, la gente comenzó a ser atendida.

Ángela sería la tercera.

Después de aproximadamente treinta minutos, la llamaron. Su corazón se aceleró. Sola, entró en el humilde compartimento contiguo al salón.

El ambiente era lo más sencillo posible: sillas de madera tosca; una pequeña luz, de una lámpara verde, proporcionaba una atmósfera serena al medio ambiente; allí también se podía escuchar, muy suavemente, música propia para la oración; en medio de la pequeña habitación, una cama, como una camilla de hospital; sin decir palabra, un hombre, parado frente a la cama, la invitó a acostarse, ayudándola suavemente a ponerse cómoda; otras tres personas, dos de las cuales eran mujeres, en actitud respetuosa, hicieron parecer que estaban orando.

Entonces, el hombre parado frente a la cama dijo el "Padre Nuestro" y puso sus manos sobre Ángela, sin tocarla. Muy lentamente, movía las manos, siempre sin tocar a la mujer, a veces en dirección horizontal, a veces en forma circular.

Una gran calma se apoderó de Ángela.

Tuvo la agradable sensación de una tenue corriente eléctrica recorriendo todo su cuerpo proporcionándole bienestar.

Sin decir una palabra, las manos del hombre se demoraron más en la región gástrica. El agradable calor proporcionó a Ángela un gran alivio a su dolor, que hasta entonces había sido crónico.

Después de unos cinco minutos, una de las mujeres comenzó a hablar: era médium psicofónica y en ese momento tenía un mensaje para Ángela, de parte de su suegro. De hecho, él mismo daría el mensaje.

Ángela estaba perpleja.

No sabía si creerlo todo o huir de ese lugar.

Sin embargo, el bienestar que hacía mucho tiempo que no sentía, libre de dolores, le dio confianza. Pensó en Dios. orado mentalmente también.

Luego de terminar el mensaje, que para ella resultó breve y algo confuso, el hombre que le había dado el pase le recomendó:

– Hija mía: sería conveniente que usted tomara dos o tres pases semanales, aquí mismo en este Centro Espírita, o en otro de su elección, donde realmente se practica la Doctrina Espírita, con toda su pureza. Llevar siempre un poco de agua, para fluidificar y tomar en pequeñas porciones. Esta sería una forma complementaria de tratamiento espiritual, iniciada hoy. También sería estupendo que te dedicaras a alguna obra caritativa, a favor de los pobres.

Después de una breve pausa, continuó:

– Y, sobre todo, hija mía, empieza a leer, estudiar y practicar el Evangelio de Jesús. A través del Evangelio de Nuestro Señor mejoraremos nuestro ser más íntimo, acercando nuestro Espíritu a las verdades divinas.

Concluyó:

– No olvides agradecer a Jesús por la bendición alcanzada.

Tomando un poco de valor, Ángela preguntó:

– ¿Cómo puedo agradecer?

– Ora, y vela, y, siempre que sea posible, practicar Sus ejemplos. Fue el mismo Jesús quien nos enseñó que el mayor mandamiento es *"amar a Dios sobre todas las cosas y al prójimo como nosotros mismos."*

Despidiéndose, paternalmente, dijo:

– Ve con Dios, hija mía.

Salesio reflexionó que hasta entonces no había notado nada inusual en aquel Centro Espírita, en relación a las informaciones que tenía sobre tales casas y tales "obras." Al contrario: todo denotaba seriedad, sencillez y, sobre todo, desinterés. No podía entender eso: ¿cómo alguien hacía algo sin cobrar? ¿Más aun cuando se trata de posibles curas para enfermedades? Positivamente, todo fue inquietante. Decidió, "por su paz", ignorar lo que había oído y visto.

Después de unos quince minutos, Ángela regresó. Salesio notó de inmediato que ya no tenía el aspecto congestionado que tenía cuando llegó allí. Había calma, seguridad, paz. Las lágrimas que flotaban en sus ojos denotaban claramente que eran lágrimas de felicidad...

Salesio quiso preguntar a alguien cuánto debía pagar e, inconvenientemente, acudió a la directora de la reunión, quien continuó comentando pasajes evangélicos. Le preguntó en voz baja "cuánto debía." Amablemente, la mujer respondió, también en voz baja, para que solo ella pudiera oír:

– Hermano mío, hermano mío: aquí no se cobra nada. Da gracias a Jesús.

Salesio todavía no creía lo que escuchó, ahora por segunda vez.

Sospechando, salió de la habitación junto con su esposa.

La mayor sorpresa; sin embargo, estuvo reservada para el coche.

Cuando regresaron a casa, Ángela dijo:

– Ni siquiera puedes imaginar mi felicidad. Hablé con mi suegro...

Salesio se quedó sin aliento: ¡su padre había desaparecido hacía veinte años! ¿Cómo era posible que hubiera regresado de entre los muertos y hablado con su esposa? Seguramente Ángela había sido hipnotizada, o peor aun, estaba delirando...

Sin embargo, lo que Ángela dijo a continuación resolvió por completo todas sus dudas y sospechas:

– Un hombre muy bueno, el médium que venía de otra ciudad, estaba concentrado dándome un pase, y otras tres personas también estaban orando. Después de algunos minutos, una de estas personas recibió al espíritu de tu padre, a quien reconocí inmediatamente, porque además de llamarme por mi apodo "Gegê", también dijo el tuyo: "Lesim."

Salesio sintió que le faltaba el aliento. Era imposible que alguien allí conociera tal intimidad. Había llegado a ese Centro Espírita apenas hacía dos horas y ¿cómo podría alguien saber su apodo y el de Ángela?

Ángela continuó:

– Tu padre te envió un mensaje: te pide que mires hacia abajo, camines más por calles pobres y no solo por avenidas deslumbrantes; que convivas con gente más sencilla y sobre todo que te dediques a obras de caridad, con el mismo ardor que atribuyes a tu trabajo.

Salesio, ya más tranquilo, se reía para sus adentros de tanta tontería.

Pero aquí está el complemento del mensaje:

– La última recomendación de tu padre, no la entendí.

– ¿Y cuál fue?

– Dijo que nuestras manos necesitan estar limpias para que todo lo que tocamos sea lícito y tenga olor a bien. En el orden de la vida, el dinero ganado de manera oculta no representa ganancia, sino más bien pérdida. Sería prudente buscar un puente sobre un río caudaloso y tirar en él la basura negra que tenemos en los bolsillos...

Ángela no entendió el mensaje pero Salesio sí. Estaba perplejo y muy asustado.

No había duda: la referencia a "basura negra" era una referencia directa a su cuaderno secreto, que siempre llevaba en el bolsillo. Es más: se acordó con una persona que la comisión relativa a un préstamo municipal se entregaría en un puente, sobre el río que cruzaba la ciudad.

Pensó:

- "Ciertamente lo espiaban ojos invisibles; todos sus arreglos en las diversas transacciones comerciales estaban seguramente bajo control secreto y peligroso; secreto, porque no sabía quién lo llevaba a cabo y peligroso debido a los terribles acontecimientos que vendrían si salieran a la luz los medios que empleó; de ahora en adelante duplicaría su atención; especialmente en lo que respecta a las numerosas licitaciones públicas que estaban en curso."

Actuando como si no entendiera, no le dijo nada a su esposa.

Esperaría novedades.

Y los acontecimientos no tardaron...

Esa misma noche Ángela le pidió que fuera a un restaurante. No había comido bien durante meses y después del tratamiento espiritual se sentía con energía y tenía apetito.

Ángela comió como no lo había hecho en mucho tiempo. Salesio; sin embargo, no pudo tocar la comida.

Una vez en casa, cuando se retiraban a dormir, Ángela recordó la recomendación que recibió en el Centro Espírita de no acostarse, sin antes orar a Dios, por las gracias del día.

Ángela oró. Poco después se durmió plácidamente.

El marido, a quien siempre le resultaba fácil dormir, no pudo pegar ojo esa noche.

Solo pensaba en las palabras supuestamente dichas por su padre.

Al día siguiente estaba prevista una audiencia en el despacho de un político influyente, para gestionar un préstamo de enorme importancia para un municipio, proceso en el que él mediaba.

– "Me alegro de haber podido venir – pensó –. Ese Centro Espírita, curando a Ángela, me ayudó indirectamente, ya que estoy libre para nuevos viajes y nuevos negocios."

En su opinión, su esposa estaba recuperada.

Salesio no esperaba la sorpresa que le esperaba: varias denuncias habían llegado a las autoridades sobre la irregularidad de sus transacciones comerciales. Varios municipios se negaron a recibir préstamos a través de él.

De esta manera, como los deshonestos siempre terminan enredados en la red de su propia sedición, se preparó un acto del que Salesio no escapó.

Una vez realizada la transacción en la oficina, se dirigió al puente, donde recibiría su comisión.

Para humillarlo aun más, tres grandes periódicos y una cadena de televisión mostraron en directo sus pasos, mientras recibía el encargo, en el puente.

Sintiéndose traicionado e inexorablemente perdido, en un gesto rápido sacó el cuaderno que tenía en el bolsillo y lo arrojó a la corriente. La policía no pudo recuperar lo que tal vez fueran pruebas incriminatorias de muchas personas importantes.

En el Tribunal, testigos enérgicos revelaron varias de las siniestras actividades de Salesio. Por temor a ser eliminado, según amenazas que llegaron a sus oídos, Salesio no reveló los nombres de las personas que trabajaron con él.

La dignidad de los testimonios dio fuerza de razón a quienes se negaron a delinquir. En efecto, nada, absolutamente nada, entre la Tierra y el cielo, podrá jamás manchar a nadie, cuando se procede en el camino correcto, cuyo impulso proviene del cumplimiento de las leyes divinas.

Así, una vez iniciado el proceso penal, hubo tantas pruebas y testigos que la condena no se hizo esperar: seis años de prisión en el penal estatal.

Hace casi un año, Clidenor fue recluido en esa misma institución penal...

Hierbas Dañinas

La superficie del planeta Tierra es muy interesante:

Vista desde arriba - desde satélites, por ejemplo -, el mundo aparece cubierto de grandes manchas, algunas azules, otras blanquecinas, esto en la parte iluminada por el Sol;

No tan alto como los satélites, visto desde un avión a reacción, en un vuelo de crucero intercontinental, justo debajo del avión, lo que se ve, casi siempre, es un extenso suelo de nubes, tan blancas que parecen de algodón.

Un poco más abajo, en otro plano más pequeño, las montañas destacan de color azul y ocultan su altura, los cultivos están bien definidos, intercalados con líneas rectas claramente resaltadas; pero, incluso allí, la verdadera dimensión de los contornos del suelo no está definida, completa y verdaderamente: debido a un fenómeno óptico, la altura parece mucho mayor de lo que realmente es.

Para que la silueta terrestre sea plenamente identificada, el observador debe estar cerca del suelo y no moverse demasiado rápido.

Las grandes masas de agua de los océanos, vistas desde muy alto, en los días soleados, son azules y en muchos lugares permiten vislumbrar el fondo o el fondo de los mares; pero si se ven desde la playa, el mar ni siquiera nos deja ver la continuidad de su amplitud, ya que, al ser la Tierra redonda, la curvatura natural de su perfil lo impide; en noches sin Luna, vistos de muy alto, el mar, los ríos o lagos se presentan plateados...

Todos estos fenómenos se refieren a la Naturaleza.

Toda la obra de Dios es perfecta y es impensable que se les atribuya reparación alguna.

Por eso, admirando tanta sabiduría, emanada de Dios, solo nos corresponde agradecer y admirar la incomparable maravilla de las cosas naturales.

Sugerir cambios sería petulancia, si no perjurio.

En las obras humanas, los ojos tienen que ser otros: los de la reflexión, para que el cerebro encuentre nuevas fórmulas, nuevos planes, nuevos proyectos, con vistas a la evolución espiritual. En ellos admiramos la encomiable técnica constructiva moderna, desde la fase de diseño arquitectónico hasta el acabado, pasando por el paisajismo y las obras de infraestructura perimetral.

Pero, precisamente al observar las obras divinas y las obras humanas, así como el carácter espiritual de todas ellas – naturales y artificiales, respectivamente –, nos toparemos con hechos intrigantes, además de algunas oposiciones respecto a su destino.

Todas las obras de Dios, sin excepción, apuntan al bienestar de los seres vivos, encajando en los planes evolutivos de cada especie.

Son, por tanto, todos caritativos:
- las nubes demuestran una concepción de inteligencia superior: todo su procesamiento, desde su formación, con el Sol evaporando millones de toneladas de agua de los océanos; a su concentración, en la atmósfera, de esta colosal masa gaseosa; a los viajes que emprenden, impulsados por los vientos, flotando a

cientos de kilómetros de su origen; a la dispersión, en forma de lluvia, formando ríos y lagos, irrigando las tierras, bendiciendo los cultivos y dando vida a todos los seres vivos y vegetales, que purifican el aire de la tierra – todo en beneficio de los hijos del Padre, que ama a todos –; en un ejercicio de humilde análisis, podemos imaginar que el hecho que el planeta esté formado por las tres cuartas partes de agua, tanto como nuestro propio cuerpo, no es gratuito ni ocasional;

- las montañas, que presentan una formidable acomodación de masas magmáticas, son sin duda un punto de referencia para los espíritus iluminados, que vienen a la Tierra, invariablemente con una misión caritativa: es en las montañas donde aterrizan y se concentran, alejándose de ellas solo cuando tanto como sea necesario para el cumplimiento de sus tareas sagradas; también se debe a la existencia de las montañas que los vientos - otra maravilla, otra bendición -, cambian de dirección, pues las desbordan cuando las encuentran frente a ellas, no sin antes abrazarlas fraternalmente...
- de los ríos, todos ahijados del mar, solo nos queda inclinar el alma en agradecimiento al Creador, por la bondad y la bienaventuranza que representan;
- todavía sobre las aguas: solo la inteligencia suprema del Universo podría organizar la materia en sus estados naturales, sólido, líquido y gaseoso, añadiendo la Ley de la Gravedad al medio ambiente, de modo que, cuando se forman ríos, sus aguas acaben yendo a el mar, en un ciclo eterno de garantía de vida;

- los árboles, maravilla arquitectónica, tienen lecciones que la mente humana solo puede concebir parcialmente, además de lo que ellos producen: purificación del aire, protección del suelo contra la erosión, frutas, madera, refugio para los pájaros, sombra para los exhaustos.

Hay tantos beneficios...

Consideremos ahora las obras humanas:

- en primer lugar, es importante resaltar que todo lo que hace el hombre, desde herramientas, utensilios, objetos, máquinas, vehículos, construcciones; en definitiva, todas las obras materiales que es posible gracias a la modificación y utilización de la materia inorgánica, existiendo en el suelo;
- las residencias ofrecen alojamiento cuando la familia se instala allí;
- los edificios fabriles, industriales y comerciales reúnen a las personas, ofreciéndoles un entorno propicio para el ejercicio de las más variadas profesiones;
- las escuelas, de todas las construcciones materiales, son las que proporcionan mayores beneficios al espíritu humano;
- los viaductos y puentes, que superan abismos o lagunas, colocan al hombre en una posición loable a la hora de utilizar la inteligencia para resolver problemas;
- los túneles, que atraviesan montañas y acortan distancias, representan simbólicamente la trayectoria del hombre, cuando, dejando la luz, siendo creado simple e ignorante por Dios, entra en la oscuridad, representada por los desvíos, para resurgir hacia el

Sol, después habiéndose "arrancado sus defectos", que eran el enorme obstáculo a superar hacia la evolución...
- las torres, cualquiera que sea su finalidad, a excepción de los faros y las de vigilancia y control de vuelo, son obras que, de algún modo, manifiestan el orgullo que vive en el pensamiento de quienes las erigieron, ya que, en el fondo, el mensaje es de grandeza;
- las propias torres de comunicaciones electrónicas a menudo compiten entre sí, reflejando lo que hay en el alma de las grandes empresas que transmiten y retransmiten sonidos e imágenes a millones;
- en los casinos y moteles se respira una atmósfera tan desdichada y son tantas las desgracias que se desarrollan allí que resulta doloroso admitir el desperdicio de su construcción; mejor, mucho mejor, hubiera sido utilizar el material en casas o escuelas, que son tan necesarios;
- los entornos de ocio necesarios son obras dignas;
- son dignos de elogio, desde todos los puntos de vista, los hospitales, escuelas y recintos dedicados a la reflexión del alma;
- pero... en las cárceles y estructuras policiales similares, las luces de la razón deben iluminar y descifrar su lamentable existencia.

Hablemos un poco más de cadenas.

Segregando al ser humano de la vida social, produciendo y ocultando males, hay aspectos espirituales que pasan desapercibidos: de las prisiones se escapan fluidos tan nocivos que conviene tener mucho cuidado cerca de ellas, o especialmente dentro de ellas...

Es importante, en este enfoque, no olvidar nunca el "orar y velar" que Jesús nos transmitió, en forma de advertencia, porque la psicósfera de una prisión se parece a un pantano astral.

Es muy difícil moverse por una prisión sin que el espíritu sea salpicado por los gases astrales que pululan en su interior.

Cualquiera que mira una prisión se imagina que allí vive la rutina. No es así: al contrario, las mentes de los prisioneros – sería mejor llamarlos "reeducados" –, emiten, en segundo lugar, las más diversas formas pensamiento. Un pequeño porcentaje de estos verdaderos petardos mentales están dirigidos a la propia prisión. Generalmente, la gran mayoría de los reeducados, quizás el noventa y nueve por ciento, piensa – todo el tiempo –, en el entorno externo, anhelando estar allí. Frente a las gruesas barras de hierro de los barrotes, que obstruyen sus cuerpos, sus espíritus aun escapan de allí todos los días, casi a cada momento.

Tan fuerte es el deseo de libertad en el ser humano que la propia Ley acepta como normal la intención de escapar. Sobre las cadenas cristalizan oscuras nubes mentales, difíciles de disipar, que atraen en su seno muchos pensamientos espurios de otras personas, libres de prisión material, pero que albergan espiritualmente a quienes están confinados en ellas. Y que quienes están siendo reeducados tienen fuertes vínculos con la delincuencia y que la delincuencia casi siempre se comete en colaboración, directa o indirectamente, no siempre todos los responsables son condenados...

Cuando varios espíritus, encarnados o desencarnados o provenientes de ambas situaciones, emiten el mismo pensamiento, a través de la armonía se unirán, encarnarán e intensificarán. Permanecerán activos mientras cuenten con apoyo mental. Ya sean beneficiosas o dañinas, tales construcciones sustanciales del alma liberarán o esclavizarán a quienes emiten tales pensamientos.

En el primer caso, el camino evolutivo está pavimentado; en el segundo, se arrojan espinas, por donde, descalzos, tendrán que pasar...

Además, las familias de los reclusos han aumentado sus problemas, ya que la familia se va desmoronando, teniendo que vivir con dos realidades: mantener la rutina anterior y gestionar la resultante de la prisión.

El escenario espiritual en el aire de una prisión es aterrador: angustiados con la misma sintonía, de baja frecuencia moral, en todo parecido a lo que sale de las celdas, rápidamente se precipitan hacia los alrededores; en primer lugar, porque la fuerza de atracción es irresistible y, en segundo lugar, porque allí encuentran abundante pasto para sus infelices ideas y planes.

Pocos, o casi ninguno de los internos obligatorios de las celdas, se liberan de la acción de los vampiros espirituales, que son esas mismas criaturas que pasaron por lo que ellos están pasando y escapan en un estado de gran revuelta. O, lo que es más grave: muchas veces, cuando se cometía un delito, justo en ese preciso momento, quien era defraudado era el inductor, tal vez por venganza por parte del imputado o de la víctima. Una vez hecho el daño, el "criminal espiritual" se une indeleblemente al encarnado, quien pierde su libertad y pasa a vibrar en la misma banda mental, además de lo cual, las víctimas, encarnadas o desencarnadas, con ideas de odio y venganza, empeoran los fuertes ataques que rodean el drama. En casi todo el planeta, el régimen penitenciario está en quiebra, si no ingobernable. Todos los estudios y encuestas estadísticas señalan la cruel realidad que la mayoría de los clientes penitenciarios pertenecen a las clases sociales más bajas. Creados originalmente para reintegrar a los delincuentes en la sociedad, hoy se están convirtiendo en verdaderos depósitos de criaturas. Si hay hacinamiento en las cárceles, el malestar alcanza niveles insoportables y, como resultado, la "ley de la selva", donde gana el más fuerte.

Es fácil entender cómo, cuándo y por qué surge la corrupción. Y lo que es peor: los planes criminales se transmiten a los estudiantes de primaria reeducados, quienes, cuando son liberados, los pondrán a prueba si la sociedad rechaza este retorno, lo que desgraciadamente ocurre.

Los países ricos están intentando privatizar sus cárceles, para gestionar mejor el sistema penitenciario, además de reducir significativamente los gastos.

Es la ley que el mundo evoluciona, así como sus habitantes. Llegará el momento en que no habrá más delitos en la faz del planeta.

Con audacia y desinterés, muchos son los espíritus que hacen todo lo posible para limpiar el infeliz clima espiritual en las cárceles, induciendo los compromisos con acciones solidarias con los reeducados, proyectan un horizonte de extinción paulatina de las prisiones, públicas o privadas.

Por lo tanto, el trabajo extremadamente difícil de los equipos de religiosos que asisten a las cárceles para llevar la palabra del Evangelio a los segregados allí es sublimemente inspirador. ¿Son los anticristianos similares a aquellos que, al predicar el Evangelio de Jesús, corrieron el riesgo de tener que enfrentarse al poder constituido, además de la incomprensión de muchos. Con la diferencia que quienes hoy traen consuelo, consejo, un recuerdo de Jesús, lo hacen con autorización legal.

Al igual que los antiguos predicadores, actúan voluntariamente, fortaleciendo sus espíritus, al mismo tiempo que siembran la caridad.

¡Cómo esos benditos precursores evangélicos tienen también a su lado al Divino Maestro!

Los equipos espíritas, en particular, además del apoyo fraterno, tienen el mérito adicional de revelar el "por qué" de sus tormentos, reeducándolos. Abriendo las puertas del tiempo a sus espíritus, haciéndoles comprender que el "hoy" es fruto del "ayer" y que el "mañana" está siendo sembrado ahora en esta encarnación.

Mostrándoles la sabiduría de las vidas sucesivas y el justo paso que dan, guiados por la justicia divina, transforman en sencillez de comprensión lo que para muchos sigue siendo el "misterio de la vida." El concepto de mérito cobra gran importancia ante el alma y con ello el panorama íntimo se transforma, como lluvia peregrina que moja las tierras áridas volviéndolas fértiles.'

Nadie más que una persona reeducada está ávida de luces que la liberen de la oscuridad en la que se encuentra inmersa, dentro de los antiguos muros de una prisión.

Luz, que en este caso, tiene el rebosadero del arrepentimiento, un paso gigantesco hacia la reconstrucción de lo que finalmente fue destruido.

Por tanto, bendita tarea, llevar a aquellos hermanos invigilantes el bálsamo de la esperanza, basado en la inolvidable recomendación de Nuestro Señor Jesucristo. Recomendación que el evangelista Mateo expresó en el capítulo 25: 31-46: *"Venid, benditos de mi Padre, entrad en posesión del reino preparado para vosotros desde la fundación del mundo... Yo estaba en la cárcel y viniste a verme"*, dejando claro que por "prisionero" nos referimos a todos y cada uno de estos hermanitos míos.

La dirección de los establecimientos penitenciarios no siempre puede determinar o decidir cuál sería la mejor distribución de los reclusos entre las diferentes celdas. Por tanto, no es raro que en tales lugares se formen grandes amistades, así como grandes enemistades.

Es popular el concepto que la mayoría de los delincuentes, cuando son liberados después de cumplir su condena, se encuentran en peores condiciones morales que cuando fueron condenados. Tal vez sea cierto, pero hay que juzgar que si tal concepto es válido para las manzanas, que pueden contaminarse con una sola que esté estropeada y en la misma caja, tal afirmación no puede aplicarse *"a priori"* a los seres humanos. Cada espíritu, es, en efecto, un mundo, siempre diferente de los demás. Si hay un denominador común en prisión, que es el deseo de libertad, ahí es donde terminan los deseos iguales de quienes están allí. Cada persona reeducada tiene a sus espaldas una larga historia, de errores, equivocaciones, decepciones, tristezas, frustraciones.

Sin embargo, otro rasgo común tiende a unirlos: la necesidad emocional. En la raíz de sus problemas encontraremos algunas culpas, por parte de toda la sociedad.

Realmente todos somos responsables.

Por tanto, no estará de más analizar que la prisión es la pérdida de, quizás, el mayor bien que tiene una persona: ¡la libertad!

En cuanto a los espíritus evolucionados, nunca serán prisioneros: dominando los dones divinos que todas las criaturas poseen en estado latente, si ciertamente fueran atrapados por error, fácilmente se comprometerían a abandonar el cuerpo, yendo a donde quisieran, sin obstáculos materiales capaces de retenerlos.

Repetimos que todos, o casi todos los presos, prácticamente solo piensan en una cosa: escapar de las rejas. Para ellos, la mayor tortura no es la burla pública, ni la pérdida de los bienes materiales, ni de su disfrute: el peor castigo es la soledad. Junto a decenas, cientos o miles de personas con el mismo destino cruel, se sienten habitantes aislados de una isla en el mar de la vida. Las figuras de sus familias y de sus seres queridos crecen en sus espíritus, y crecen mucho. Por eso la única felicidad que sienten en la cárcel, por pequeña que sea, es la de visitarla.

En prisión, Clidenor fue colocado junto a un hombre de mediana edad, Joaquim, que le desagradó desde el primer momento. Pero en cualquier prisión no se eligen amigos ni compañeros de celda; o pasar la noche, como hacen los viajeros que, de ciudad en ciudad, tienen total libertad para elegir en qué hotel alojarse.

Si es posible que los viajeros se agrupen en las ciudades que visitan, según sus características profesionales, formando grupos similares, no ocurre lo mismo con los presos.

Al ser encarcelado, el odio y la revuelta se instalaron en Clidenor. Odio contra Salesio y rebelión contra la sociedad que tanto le era adversa.

Un proverbio muy conocido entre los círculos criminales afirma que "todos los condenados son considerados inocentes..."

Clidenor pasó tres días sin intercambiar palabra con Joaquim, limitándose solo a saludos formales.

Sin embargo, al cuarto día, domingo, notó la euforia general en el ambiente, con la llegada de familiares y amigos de los internos a visitarlos, llevándoles algunos objetos personales y algo de comida, normalmente tartas, dulces o snacks.

Nadie vino a visitarlo.

¡Se dio cuenta que estaba solo en este mundo!

Durante dos días más no habló con su compañero de celda, hasta que un hecho inesperado rompió la barrera de silencio que había levantado. Joaquim se sintió mal a mitad de la noche y después de vomitar permaneció despierto gran parte de la noche. Clidenor, que se despertó al inicio de la crisis, no hizo nada para ayudar al paciente. Éste; sin embargo, al cabo de dos horas, al verlo despierto, dijo humildemente:

– Perdón, colega, por la molestia que te causé. Pensé que iba a morir, tenía tantos calambres.

Clidenor, con orgullo y desprecio, respondió:

– Todo bien.

Joaquim reanudó la conversación:

– ¿Vas a quedarte aquí por mucho tiempo?

Molesto, Clidenor respondió, casi murmurando:

– Algunos años.

– Pasarán pronto. Cuando te acostumbres, desaparecerá.

– ¿Cómo sabes que me acostumbraré a esta pocilga?

– Sé que lo harás. Todo el mundo se acostumbra. Y para algunos, esto es un palacio, no una pocilga...

Sintiéndose ligeramente reprendido, Clidenor dijo:

– Digo pocilga en el sentido que la sociedad trata a los cerdos con más respeto que a nosotros.

Joaquim, encarcelado durante muchos años, conociendo toda la Psicología íntima de las cadenas, coincidió:

– Esa sociedad es ingrata, estoy de acuerdo contigo. Lo peor es que somos parte de ella...

Una vez más Clidenor se sintió acorralado en sus conceptos, interesantes por el interlocutor.

Joaquim preguntó de repente:

– ¿Eres inocente?

Tomado por sorpresa, él que tenía tanto control sobre sus emociones, no tuvo más salida que decir la verdad:

– No.

– Así es, amigo mío: estamos donde quizás ni siquiera merecemos estar.

– ¿Cómo te llamas?

– Joaquín. ¿Y tú?

– Clidenor.

No se dijo nada más. Durmieron.

En los días siguientes, los dos muchachos reeducados pasaron la mayor parte del tiempo intercambiando opiniones, normalmente por la noche. Hablaron de sus vidas, hablaron de su familia, de sus amigos.

Escuchando a su compañero y realizando un viaje introspectivo, Clidenor llegó a una triste conclusión: nunca había amado a nadie. Había tenido muchas chicas y mujeres en su vida, pero todo había estado vacío, un vacío enorme. Nunca le habían importado las heridas que había causado a tantas...

Al hablar de su infancia, al recordar las privaciones de aquellos tiempos infelices, cuando todavía vestía pantalones cortos, juntos llegaron a la conclusión que en realidad habían sido, al contrario de lo que pensaban, tiempos felices.

Una y otra vez, la emoción ahogaba sus voces, haciendo que sus ojos se llenaran de lágrimas.

En sus mentes aparecieron imágenes de sus abuelos, tan queridos; de sus padres, pobres, infelices, enfermos... Se acordaban de su primer maestro y del primer día de colegio.

El llanto fue inevitable.

Al recordar a sus abuelos, Clidenor saltó de su litera y dijo con tono emocionado:

– La voz era la de mi abuela...

Joaquim no entendió.

– La voz que escuché en el parque era la de mi abuela. ¿Cómo es que recién ahora me di cuenta?

Aun sin entender, Joaquim preguntó:

– ¿Qué voz? ¿Cuándo? ¿En qué parque?

– Cuando comenzó mi desgracia, solo tuve ayuda de mi abuela. Me despidieron de la empresa, en mi primer trabajo, porque fui testigo de un movimiento deshonesto.

– ¿Cómo así?

– ¿No lo entiendes? El desgraciado que me puso aquí fue el corrupto al que pillé robando en una licitación.

Y sorprendido, pero contento con el "descubrimiento":

– ¿Cómo es que antes no pensé en mi abuela?

Fue así como, en menos de un mes, muchas lágrimas sentidas de los dos marginados habían corrido dentro de aquella celda, brotaban de los ojos, pero se originaban en el alma, a través de recuerdos del "mundo exterior."

Noches consecutivas, largos periodos de silencio, cada uno en su cama, no pasó mucho tiempo para que sus espíritus se abrazaran, sellando la amistad, un abrazo que sus cuerpos nunca se darían.

La antipatía que inicialmente había sentido hacia Joaquim, Clidenor la había sustituido por camaradería. Después de unas semanas más, lo consideró su amigo.

Un domingo, Joaquim invitó a su amigo a conocer a su familia: esposa y dos hijas. Más para liberarse de la soledad, aceptó Clidenor. Conoció a la familia de su pareja y esa noche, sin siquiera pensarlo, se encontró en compañía de Nícia, la esposa de Joaquim. Soñó que eran amantes. Joaquim, en el sueño, descubrió la traición conyugal y quiso matarlo.

Cuando despertó, imaginó que ese sueño no era más que el reflejo del clima en prisión, donde la ética impide sumariamente que esto suceda. En algunas visitas posteriores, en las que fue invitado, Joaquim que lo acompañaba, algo intrigado, miró a Nícia, tratando de captar en ella un pequeño gesto o mirada que revelara algún interés por él.

Al no darse cuenta de nada, atribuyó correctamente el sueño a una reflexión subconsciente, según la cual, todo no era más que su deseo que alguna mujer, enamorada de él, lo buscara en la cárcel.

Sin quitarle la idea a Nícia, monólogo íntimamente:

– "Entonces yo, que puedo tener cualquier mujer que quiera... no me ensuciaría con la esposa de un compañero de prisión."

Lluvias Ácidas

Entre dudas y cismas, Clidenor pasaba los días pensando en la mujer de su amigo de celda.

Sabía que sus pensamientos no eran éticos.

Sabía también que, según el "código interno penitenciario", si lo demostraba, aunque fuera por lo más mínimo, sería liquidado sumariamente.

Pero los sentimientos fueron espontáneos, encontrando vacío el nido de su espíritu, refugiándose en él.

Conoció la vida íntima de la familia de Joaquim.

Su amigo había ido a la cárcel por ser extremadamente impulsivo, actuando siempre sin pensar. Había cometido un asesinato.

Envidiaba a su desafortunado colega cuando los domingos, impaciente y feliz, esperaba la llegada de su mujer y sus hijas. Envidiaba mucho más cuando se produjo la "visita íntima." El compañero regresó con expresión relajada, mostrando cierta felicidad. Ocultar sus sentimientos era una cuestión de supervivencia, pero era inevitable que en privado comenzara a codiciar a la esposa de la otra persona.

En la envolvente soledad de una celda de prisión, los pensamientos toman forma y tienden a convertirse en ideas fijas.

¡Todos los pensamientos!

Este es un campo en el que la Psicología debería centrarse con gran compromiso. Sería interesante que los organismos de reeducación y reinserción social de los delincuentes prestaran atención a este fenómeno que marca de forma indeleble su comportamiento. Conociendo los aspectos espirituales que actúan sobre los reeducados, se podría sin mayores dificultades inducirlos, estando aun encarcelados, a reflexiones cristianas positivas, elevadas, que les conduzcan a la plena recuperación. Plena porque actuaría de "adentro hacia afuera", y no al revés.

Protegido por los altos muros de las cárceles, el sexo, normalmente, surge como un pensamiento mayor de quienes están allí. Como no existe un flujo natural de fisiología sexual, muchas de las criaturas aprisionadas, masculinas o femeninas, se convierten sin dificultad en una importante central generadora de energías psíquicas, cuando se cambian con responsabilidad y especialmente con amor. Transforman esta bendita planta en un foco generador, enterrando la moral y la conciencia.

En este triste escenario espiritual, la homosexualidad es una salida casi ineludible.

Son pocos los que no se dejan subyugar por su imperio. Clidenor fue uno de ellos.

Satisfacía su drogadicción, regularmente, con sus posesiones, y no con el dinero obtenido de las ocupaciones manuales que desempeñaba y por las que le pagaban muy mal.

Inexorablemente, terribles enfermedades acompañan el desequilibrio que una sociedad justa tendría el deber de evitar, entendiendo que todos los reeducados son espíritus que se han alejado del bien y, alejándose del bien, según Jesús, ¿que está ahí que todavía no lo haya hecho?

Así, a las ya no pequeñas desgracias que abundan en las cárceles, se suma, invencible, el espectro de enfermedades provocadas por las aberraciones sexuales.

¿Cuál es la solución?

¡El Evangelio de Nuestro Señor Jesucristo!

Dios proporciona todo. Por tanto, las necesidades sexuales pueden y deben ser sublimadas, cuando la heterosexualidad es imposible, junto con la responsabilidad en el acto sexual. El cuerpo humano, una máquina fantástica y perfecta, tiene los recursos para suplir las deficiencias, siempre que el espíritu así lo determine. Si la libido se controla adecuadamente, por la fuerza de voluntad, surgirán otros mecanismos fisiológicos, otras actividades, mentales o físicas, que domarán el impulso sexual, sin que el individuo caiga en prácticas promiscuas.

¿Quién sabe, las cadenas de un futuro prometedor solo serán manejadas por psicólogos, educadores y religiosos?

Mientras existan tales instituciones, la Tierra seguirá siendo un lugar de "expiación y de pruebas", como la define Allan Kardec. Porque, en un mundo donde prevalece el amor al prójimo, ciertamente no habrá crímenes ni faltas; en un mundo de regeneración, por ejemplo, las cadenas, entonces, solo serán un triste recordatorio de tiempos de barbarie, como el que tenemos hoy de falta de amor que tuvimos hacia nuestro Amigo Jesús, hace veinte siglos.

✻ ✻ ✻

Dos meses después de su encarcelamiento, Clidenor recibió una visita inesperada. Un extraño se acercó a él, en nombre de una organización cuyo nombre ocultó, y le trajo una propuesta: lo invitaron a unirse a la organización, con la promesa de ganar mucho dinero y poder, allí mismo, dentro de la prisión. Para ello simplemente debía seguir las "órdenes" de la organización, que llegarían a sus oídos en el momento adecuado.

- Pero, ¿de qué se trata esto?

- Por ahora esto es solo una aproximación. Queremos saber si tienes restricciones para cumplir con los pedidos que recibas...

- No ninguna. De hecho, ¿qué puedo exigir o elegir estando en prisión?

- Muy bien. Espera nuevos contactos.

Después de este breve diálogo, durante cuatro meses Clidenor esperó ansiosamente la llegada de las "órdenes."

Y no llegaron.

O mejor dicho, no se dio cuenta que ya habían empezado a llegar: hacía más de un mes había sido seleccionado para trabajar en la administración penitenciaria, considerando, según le informaron, su CV y su práctica profesional. Lo que no sabía es que se llevaron a cabo "maniobras" para que esto sucediera.

En cuanto a los "pedidos" que no llegaban, empezó a imaginar que todo era solo una prueba. Se arrepintió de ceder tan fácilmente, de aceptar cualquier propuesta.

Eso pensó cuando de nuevo, por sorpresa, lo citaron para recibir una visita: era el mismo hombre de hacía cuatro meses.

Mostrando cierta intimidad, el desconocido dijo:

- ¿Entonces? ¿Estás disfrutando del nuevo trabajo que tenemos para ti?

Clidenor comprendió, de un vistazo, que la "organización" realmente era poderosa y tenía tentáculos allí.

Tentáculos que ya lo habían envuelto, sin que él siquiera se diera cuenta.

– Sí.

– ¿Renunciaste a nuestro acuerdo o quieres continuar?

– Quiero continuar. No soy un hombre para darse por vencido.

El diálogo fue seco y sospechoso. Clidenor, actuando con su habitual agilidad mental, razonó que, si el desconocido había regresado, era porque la cosa era real y probablemente habría mucho dinero en juego.

Tomando la iniciativa, se atrevió:

– Si eso es lo que estoy pensando, quiero ser el distribuidor jefe.

El hombre al otro lado de la mampara de metal tragó. Con esa propuesta directa, abusada y mordaz a la vez, se prescindió de las palabras, se suprimieron las florituras, se disiparon las dudas y, sobre todo, se acortó el punto de partida.

Demostrando que se había llegado al meollo de la cuestión, el visitante, algo confuso, se limitó a tartamudear:

– No soy yo quien decide...

Clidenor, tomando nuevamente el control de la situación, explicó:

– Sin rodeos: aquí puedo distribuir la mercancía, organizando un selecto grupo de asistentes, a los que mandaré con mano de hierro. Quiero un tercio de los beneficios, añadió.

– Todo bien. Tu propuesta será estudiada. Estaré detrás.

Hizo ademán de irse, pero antes susurró:

– Por tu propia salud, guarda silencio.

Temiendo perder el negocio, como solo se permitía una visita a la vez, pidió a los funcionarios de prisión que no permitieran las visitas de su familia. De hecho, sus hermanos vinieron a visitarlo, pero no fueron recibidos. Aunque insistieron, fueron rechazados, con la recomendación de "no volver nunca más..." Cuando su madre también quiso verlo, ni siquiera respondió, mandando un mensaje que no había nada que decir.

Pasaron dolorosas semanas sin noticias de la "organización."

El tercer domingo, después de la propuesta, Clidenor recibió la visita del emisario cuyo nombre ni siquiera conocía.

– Tu propuesta fue aceptada. Recibirás el veinte por ciento. Y tómalo o déjalo.

Amenazando, advirtió:

– Hay una orden que hay que cumplir, por el bien de la propia salud: no interferir en los demás "departamentos." El tuyo será solo de "polvo."[2]

Haciendo un juego de palabras, el mensajero de la pandilla dijo:

– Considérate incorporado, de ahora en adelante.

No era el mejor mostrador para conseguir gangas. Clidenor sabía que las decisiones financieras son inquebrantables una vez declaradas. No tenía posibilidad de modificar ningún punto y comprendió que una negativa, en

---

[2] N.E. Uno de los nombres con los que se denomina a la cocaína en el ámbito criminal.

ese momento, sería casi suicida, al considerarse un "expediente peligroso."

En cuanto a los demás "departamentos", sabía exactamente a qué se refería el desconocido: el oculto y desafortunado comercio de bebidas, sexo, marihuana y lo más barato: cigarrillos comunes.

Él asintió secamente.

Sin decir una palabra, asintió afirmativamente con la cabeza. Antes que el visitante se fuera, preguntó:

– ¿Cuál es tu nombre?

– Es mejor que no lo sepas. Sabemos todo sobre ti y es mejor que no sepas nada sobre nosotros. No olvides que la curiosidad ya ha traído a mucha gente hasta aquí.

Irónico y amenazador, concluyó:

– Y también se ha llevado a muchos de aquí, trasladándolos al cementerio...

La condena de Salesio se vio mitigada por la excelente actuación de sus abogados defensores, muchos de ellos actuando en nombre de "protectores ocultos."

Fue una terrible coincidencia que dos hombres, enemigos viscerales, estuvieran presos en el mismo establecimiento: Salesio y Clidenor.

Clidenor, que había sido jefe del narcotráfico allí durante más de tres años, empezó a encontrarse con Salesio mientras tomaba el Sol. Sin que ninguno de los dos dijera una sola palabra, la noticia del odio que recíprocamente nutrían.

Un día, dejando atónitos y preocupados a sus más allegados, Clidenor se dirigió hacia donde estaba Salesio. Cuando estuvo cerca, dijo sarcásticamente:

- ¿Entonces tú también eres ahora uno de los "nuestros..."?

El trato fue sumamente irrespetuoso, hecho que en un centro penitenciario pone en riesgo la vida de quienes actúan de esta manera.

Clidenor continuó desafiante:

- ¿Sabes que nunca lo olvidé? ¿Cómo te sentiste cuando ahuyentaste como a un perro sarnoso a ese pobre muchacho que te vio robando dinero de esa empresa? ¿Cuántas licitaciones "organizaste" para tu beneficio?

Salesio estaba en desventaja. No conocía a nadie allí y, como recién llegado, tenía mucho miedo, ya que la información que tenía era pésima sobre el ambiente interno de las cárceles. Vivía con miedo, con miedo de ser robado, violado o asesinado.

Clidenor lo animó aun más:

- ¿Sabes qué le pasó a Letícia durante los días que estuvo sola conmigo en ese edificio?

De hecho, no había pasado nada. Las palabras de Clidenor eran pura maldad.

Completamente aturdido, con su cerebro negándose a organizar sus ideas, anulando incluso su propio instinto de conservación, Salesio, invadido por una tremenda ola de odio, dio un salto felino sobre Clidenor. Tenía el doble de edad y menos tamaño, pero el odio le daba un potencial agresivo increíble y fue con la idea de la muerte que derribó a Clidenor, apretando furiosamente su cuello. No fue fácil para los guardias encargados de la seguridad sacar a ese hombre de arriba de Clidenor: solo con fuertes golpes de bastón en la cabeza.

Desmayado, Salesio fue llevado a régimen de aislamiento. Clidenor, asfixiado, a la enfermería.

El recién llegado recibió muchas palizas en los días siguientes. Se le culpó unánimemente por el motín. El poder financiero de Clidenor hizo valer su fuerza, lo que resultó en varios sufrimientos para Salesio.

Cuando salió del aislamiento, Salesio había ideado un plan: comprar poder y, con él, vengarse.

Fue así que en ese establecimiento, a poco más de un mes del motín Salesio-Clidenor, una nueva facción criminal, aunque incipiente, pasó a comandar algunas de las actividades criminales. Precisamente en ese lugar, que, por definición, había sido construido para impedirlas.

El jefe del nuevo grupo era Salesio, gracias a importantes sumas de dinero que había puesto en las "manos adecuadas."

Eligió ser competidor directo de Clidenor, ya que compró, a peso de oro, al responsable de la venta de marihuana. Con ello planeaba encontrar un resquicio, un descuido por parte de su enemigo, para vengarse.

La gente dice que en las prisiones las balanzas grandes, como ésta, son verdaderos "barriles de pólvora, a punto de explotar." Bueno, desde un punto de vista espiritual, esto también es cierto, pero no hay explosión, sino explosiones, muchas de ellas, diarias. En las cárceles de gran tamaño no es raro que convivan dos comandos paralelos: uno, el institucional, formado por la Dirección Penal y todos los demás empleados en funciones, desde personal de administración, guardias de seguridad, celadores y muchos otros empleados eventuales que realizan tareas separadas; el otro comando, éste, es una aberración del poder oficial, que es el que impone mucho más a quienes están siendo reeducados que el poder legal.

El poder oficial es más obedecido porque cualquier desobediencia, cualquier contradicción, resulta en castigos terribles, a menudo la muerte.

Este desvío del orden tiene dos pilares: lo tóxico y el sexo.

Cuando alguien logra controlar la circulación de la sustancia tóxica, en la casa criminal, ya sea marihuana, cocaína o heroína, en orden de valor financiero, así como en orden de poder adquisitivo del "cliente", generalmente tiene un inmenso poder en sus manos. Ahora se permiten muchas cosas, desde prebendas hasta corrupción, con la posible connivencia de un funcionario que se deja corromper; a veces, incluso enmascarando la propia Ley. En cuanto al sexo, que va de la mano de lo tóxico, quienes lo controlan también manipulan encuentros degradantes, dentro de las celdas, donde la lujuria y la promiscuidad exacerban los sentidos de los agentes.

Superior a estos dos componentes desastrosos, más fuerte que ambos juntos, más fuerte que la propia Ley, hay algo que la mayor parte de la Humanidad codicia: el dinero.

Quien lo posee reúne todos los poderes, todas las facilidades, ya sea dentro o fuera de una cadena.

Sin embargo, sería injusto generalizar todo el sistema penitenciario como totalmente corrupto.

Si los mensajeros celestiales se dedican cada día a aliviar las penurias de las cárceles, muchos son también los responsables de la administración y los encargados de mantener el orden que actúan con sentido común y comprensión.

La prisión, en el panorama terrestre, lamentablemente sigue siendo un "mal necesario", ya que va en aumento la criminalidad que adorna el panorama del comportamiento humano, cuyo fundamento es el egoísmo.

El desequilibrio social hace que la delincuencia aumente, principalmente por la falta de oportunidades educativas y profesionales.

Así, no se trata de una hipotética desviación de la personalidad de los delincuentes, según apresurados diagnósticos de los psicólogos de turno: hay desesperación.

La pobreza, considerada por muchos como la principal responsable del crimen, en realidad no lo es, ya que también es el resultado de la situación terrenal, en la que el desequilibrio antes mencionado lleva a la criatura al crimen. Porque, sin una estructura educativa y religiosa, ante la necesidad total, el individuo reacciona con violencia, creyendo que es la única manera de garantizar la supervivencia suya y de su familia. Se convierte en criminal, no por instinto, sino por error.

Y pensar que hay segmentos sociales que exigen la pena de muerte...

Los responsables de prisiones y distritos policiales, en todos los niveles funcionales, desde directores de prisiones, jefes de policía, investigadores, policías y funcionarios penitenciarios, son criaturas a las que la dureza de la profesión también penaliza. Como elementos de conexión entre los presos y la sociedad desarrollada, extremos de una terrible desigualdad en la distribución de los recursos, no tienen la culpa del caos carcelario, dondequiera que exista.

El riesgo para sus vidas los rodea en todo momento. Al vivir con delincuentes, viven obligatoriamente muy cerca del crimen, debido a su responsabilidad de combatirlo. A menudo son incomprendidos por los presos, así como criticados por la sociedad, en las crisis rutinarias que genera el sistema y que los medios publicitan a bombo y platillo.

Por todas estas razones, sería prudente evitar condenar a quienes tratan profesionalmente con presos.

La mayoría de estas autoridades, en el fondo, sienten más pasión por los presos que por quienes desconocen o se distancian de los tristes dramas vividos en la intimidad de sus celdas.

En un análisis desapasionado, uno debe preguntarse:

– ¿A quién le gustaría trabajar en una prisión?

Siendo necesario compartir las ganancias, Clidenor recibió órdenes de la "organización" de acordar una división territorial interna con Salesio, el jefe del grupo competidor.

De mala gana, Clidenor cumplió la orden y al acercarse al que ahora era doblemente su enemigo, sintió el impulso de matarlo. Con dificultad dominó este sentimiento, lo que hizo que su odio se hiciera cada vez más fuerte.

Solo una vez estuvieron físicamente cerca.

Sin embargo, sin que ellos se dieran cuenta, sus espíritus estaban interconectados por lazos negativos y poderosos, difíciles de desatar.

Si no fuera por los brutales "guardias de seguridad privada" que mantuvieron los dos líderes, seguramente uno de ellos ya habría sido eliminado por el otro, o ambos habrían muerto, en un duelo inevitable.

Pasaron seis meses.

Un domingo en que las visitas llegaban ansiosamente, uno de los compañeros de Clidenor se acercó a decirle que Salesio estaba en la enfermería aquejado de gastritis.

Clidenor, siempre pensando en una manera de perjudicar su desafección, "pidió" permiso a los responsables de las visitas para ir personalmente a informar a la familia de Salesio. Para que su pedido fuera accedido pagó una "doble dosis" de argumentos; es decir, suministró droga a los responsables de ambos bandos, el suyo y el de Salesio.

Verse cara a cara con Letícia fue un extraordinario sentimiento: esa mujer frente a él, hace más de diez años, había sido secuestrada bajo sus órdenes. ¡Cómo se había transformado! Los ojos todavía tenían el mismo brillo intenso; los labios habían florecido en fascinantes promesas; todo el cuerpo era una gloria de la sensualidad, de la perfección de las formas. Todo en aquella criatura conducía a un pensamiento irresistible: allí estaban reunidas la belleza, la magia, la feminidad, resultando en todo el grupo la codicia, el deseo, la pasión...

Clidenor, tan seguro de sí mismo en todos los actos y hechos, en todas las situaciones, especialmente en las más difíciles, balbuceó:

– Buenos días, Letícia...

La joven, cuyo espíritu estaba angustiado por la detención de su padre, quedó desagradablemente sorprendida al ver frente a ella, inesperadamente, a aquel hombre que tanto daño le había causado.

Fue la señora Ángela quien respondió:

– ¿Por qué no vino Salesio?

– Eso es exactamente de lo que quiero hablar. Está enfermo y me pidió que viniera a informarles.

- ¿Es grave?

- No, no. No hay problema. Ordené que estuviera bien medicado. Es solo un trastorno intestinal, pero nada complicado.

- ¿Podemos verlo?

Mintió:

- Claro, claro. Solo vine a tranquilizarlas.

Letícia, hasta entonces sin pronunciar palabra, sorprendió a Clidenor:

- ¿Eres el médico de la prisión para ordenar medicar a mi padre?

Clidenor, al darse cuenta que se había equivocado en sus palabras, tratando de ocultar su sorpresa, respondió, todavía en un tono cordial, pero que inducía a la superioridad:

- No, no soy médico. Sin embargo, puedo ayudar a tu padre, lo cual él podrá confirmar...

"Simples e ignorantes", así son los espíritus, al inicio de la fase humana, afrontando toda la eternidad para evolucionar, hasta alcanzar la angelicalidad. La reencarnación es, quizás, el más importante de los mecanismos divinos que gobiernan el proceso evolutivo. A través de sucesivas experiencias terrenales, un mismo espíritu, habitando cada vez en cuerpos diferentes, acumula conocimientos, corrige malas tendencias y adquiere virtudes. Olvidar vidas pasadas es una bendición suprema en términos de paz social y convivencia entre las personas. Resulta que, aun sin recordarlo, el espíritu siente las vibraciones positivas o negativas que emanan de aquellas personas con las que se conectó en vidas anteriores. Por eso, cuando finalmente te acercas a ellos, el sentimiento íntimo es de simpatía, antipatía o neutralidad. Entre las personas, cada una de estas sensaciones define si hubo convivencia en vidas pasadas y cuál fue el tono de esa convivencia.

Rara vez hay algún error al respecto.

Y el espíritu Letícia le dijo que ese hombre frente a ella era parte de su historia de experiencia. La joven no tenía el concepto espiritual de vidas pasadas. Por eso imaginó que lo que sentía en ese momento por el reeducado, la aversión, reflejaba el dolor por lo que representaba para su familia.

Como el secuestro la había marcado tanto, las escenas más pequeñas de aquellos días terribles quedaron fijas en su mente: recordaba los detalles más pequeños y las palabras que había escuchado cuando fue secuestrada.

Aunque Clidenor era todavía casi un niño, la inflexión de su voz no había cambiado con el paso de los años. Pero, sobre todo, su mirada: esos eran los mismos ojos que ella nunca había olvidado en su memoria; esos ojos estaban vinculados al peligro, la crueldad, el crimen...

Clidenor captó los sentimientos de Letícia. Casi dudó en continuar el diálogo.

Sin embargo, una vez más utilizó la astucia. Considerando propicio ese momento, apeló a las condiciones de victimización:

– Letícia, lamento que nos volvamos a ver en estas circunstancias. Lo siento. Pero tú misma puedes testificar que yo te respeté y cuidé que nada malo te pasara, hace años...

Asustada, Letícia abrazó a su madre, quien la apartó del muro galvanizado que las separaba del "terrible delincuente", como si temieran alguna violencia.

Letícia, muy emocionada, balbuceó:

– Por mi parte, ya te he perdonado. Sin embargo, será ante tu propia conciencia que siempre serás juzgado...

Si al principio esas palabras contenían una actitud cristiana, luego mostraron cierta amenaza. Al menos eso es lo que dedujo Clidenor.

Las dos mujeres dieron por cerrada la entrevista. Se marcharon sin siquiera despedirse de Clidenor.

Ángela pidió a un guardia que "le mostrara a su marido y no a ese criminal", lo cual no pudo hacer, ya que solo se permitía una visita.

Perturbadas y temerosas, sintiendo que Salesio corría peligro por lo que había dicho Clidenor, las dos mujeres no veían la hora de respirar el aire fuera de las instalaciones internas del penal. En los pocos minutos que estuvieron allí sintieron que el ambiente era irrespirable, asfixiante. Esta era, de hecho, la misma impresión que tenían cada vez que iban a visitar a Salesio, con la diferencia que esta vez no salieron aliviadas, sino mucho más tensas que cuando entraron.

Clidenor regresó a su celda, profundamente impresionado por Letícia. Se sintió atraído por ella y este sentimiento, a medida que pasaban las semanas, fue aumentando poco a poco.

- "Pero, ¿qué hacer?" - pensó angustiado.

Sin poder calmar su mente, buscó la manera de volver a verla, pero se dio cuenta que el destino no cooperaba; es decir, Salesio nunca volvió a enfermarse el domingo...

Pasaron los meses y Clidenor nunca volvió a ver a Letícia. Pero, como si estuviera en medio de un vendaval, su espíritu y sobre todo su cuerpo la añoraban cada vez más. Ideó decenas y decenas de planes para encontrarla de nuevo. Todos fracasaron. Fue así, ya en un proceso obsesivo respecto a Letícia.

Tan grande fue su emisión de pensamientos sensuales dirigidos a Letícia que ella, poco a poco, empezó a dejarse influenciar por ellos. El acoso mental ejercido por Clidenor, completamente desconocido para la joven, comenzó a verse incrementado por entidades oscuras, de bajo fondo astral, que libremente se sumaron al narcotraficante en la siniestra empresa. Esperaban, con ello, obtener "algún beneficio"; es decir, compartir sensaciones con él, si lo que tanto deseaba prosperaba.

Al principio, Letícia empezó a soñar con Clidenor. Los sueños a veces representaban acontecimientos emocionales, sensaciones fuertes relacionadas con el sexo y, a veces, aparecían en pesadillas.

Luchando con su conciencia, entre el deber y el placer, entre el bien y el mal, lo ético y lo no ético, Letícia entró en un desequilibrio espiritual.

Su madre se dio cuenta de esto.

Actuando con prudencia, logró llevarla al Centro Espírita que frecuentaba, ya que allí había logrado una mejora significativa de su enfermedad.

En una reunión de guía espiritual, dirigida por una mujer muy sencilla, una médium, Letícia escuchó enseñanzas que la llevaron a concluir que estaba bajo un lamentable acoso espiritual. Esto lo dedujo, cuando reflexionó que los pensamientos que los sueños le habían ido provocando no formaban parte de su bagaje íntimo, sino como introducidos allí, de manera subrepticia.

Recibió el consejo de acercarse constantemente al Evangelio de Jesús. Decidió no dejarse influenciar más por ideas tan inquietantes que aparecían en su mente, "salidas de la nada."

Comenzó a orar constantemente, precediendo siempre a la oración con la lectura de una página o capítulo de *"El Evangelio según el Espiritismo."* Sintió la urgente necesidad de profundizar sus conocimientos sobre el Espiritismo. Para ello, consultó en el Centro Espírita, donde le aconsejaron leer atentamente *"El Libro de los Espíritus"*, también de Allan Kardec.

En poco tiempo redescubrió verdades latentes en su alma, que abrieron un nuevo panorama para los acontecimientos humanos.

✷ ✷ ✷

Letícia, sorpresivamente para su madre, en cierta visita a su padre le informó que, por su parte, hablaría con Clidenor.

Todos los argumentos utilizados por Ángela no disuadieron a Letícia de su intención: rogó a su madre que no se preocupara, informándole que sabía exactamente lo que estaba haciendo, confiando en la protección de Jesús.

Cuando se despidieron, dentro de la prisión, ya haciendo fila para registrar visitas, ella le pidió que besara a su padre, de su parte.

Plagas en el Cultivo

Como un paracaidista cuya caída libre se ve bruscamente interrumpida por la apertura de la capota del paracaídas, provocándole un fantástico freno y una mayor alegría, Clidenor recibió la citación para la visita de Letícia.

Su salud se vio afectada, debido al uso de drogas, y principalmente por el desgaste que le provocaban sus pensamientos, que en su mayoría eran infelices.

Siempre alerta, siempre temiendo alguna represalia, de enemigos que ni siquiera podía identificar, pero que ciertamente existían. Al traficar con drogas, necesitaba estar al tanto de todo lo que le rodeaba. Como resultado, apenas dormía y apenas comía.

Desde hacía mucho tiempo, en sus pensamientos, la esposa de su compañero de celda había sido sustituida por Letícia.

Y además, hacía mucho tiempo que había perdido la esperanza de acercarse algún día a la mujer que una vez había secuestrado y que tanto le preocupaba en ese momento.

En la verdadera caída libre en la que se había sumergido, de desesperanza, desvíos y falta total de metas altas, escuchar que Letícia lo esperaba realmente tuvo un impacto enorme en él.

¡Solo podía razonar que ella había tomado la iniciativa de buscarlo!

De ahí su alegría incontenible.

Se enfrentaron sin animosidad.

- ¿Cómo estás, Clidenor?

- Mal, Letícia. Muy mal.

- No seas injusto con Dios.

- Pero mi problema eres tú...

- Clidenor, presta atención: vine a hablar contigo y quizás esta sea la última vez que me veas. Mi propósito es uno: te ruego que dejes de pensar en mí, especialmente de la forma lamentable que lo vienes haciendo.

Clidenor apenas podía creer lo que había oído.

¿Cómo era posible que Letícia supiera ese secreto suyo, que nunca se lo confesó a nadie?

Incrédulo, por primera vez en su vida, temblando y sobresaltado, preguntó:

- ¿Cómo lo sabes?

- Muy sencillo, Clidenor: las criaturas humanas generalmente no dominan el lenguaje espiritual y es a través de él como se comunican. Siento tus pensamientos fijos en mí y como esto me ha venido perjudicando, decidí buscarte.

- ¿Para qué?

- El hecho que mantengas tus pensamientos fijos en mí no es bueno para ninguno de nosotros. No sé qué piensas, pero la Doctrina Espírita me convenció que así surge la obsesión.

- ¡¿Qué es eso?!

- Cuando alguien piensa mucho en los demás, lamentablemente, se cuenta con la participación de espíritus desencarnados, vinculados en una misma sintonía, que buscan satisfacer necesidades terrenales, de las que aun no se han liberado.

Clidenor, sin haber leído ninguna obra sobre la Doctrina Espírita, comprendió parcialmente lo que Letícia le decía. Sobre todo porque también tenía sueños intrigantes, que le despertaban ideas cuyo origen desconocía por completo.

Muy asustado, interrumpió:

– ¿Quién te dijo estas cosas?

– Primero, estudié el Espiritismo. Después, frecuento un Centro Espírita donde, en reuniones mediúmnicas, supe que en tu compañía hay espíritus infelices, respecto a tus pensamientos sobre mí.

Y concluyendo la entrevista:

– Por eso vine. Una vez más te pido, en nombre de Dios, que borres mi imagen de tu mente.

– ¡Imposible!

– Adiós, Clidenor. Que Jesús te bendiga.

Devastado, Clidenor pasó toda la noche pensando.

Recordó a Letícia palabra por palabra. Las más intrigantes fueron: "Espiritismo", "espíritus infelices", "obsesión", "reuniones mediúmnicas..."

En su memoria, de repente, volvió la escena del jardín, el día que lo despidieron. Había escuchado una voz del otro mundo, ahora estaba seguro que era su abuela, ayudándolo mucho en esa oportunidad.

Al hacer esta valoración, después de todo lo dicho por Letícia, consideró que los muertos pueden hablar con los vivos. Casi como un desafío, pensó con firmeza:

– "Si alguien escucha mis pensamientos, dígame algo..." Cualquier cosa.

Lo intentó innumerables veces más. En vano.

Una noche, deseaba desesperadamente volver a hablar con su abuela. Estaba medio dormido cuando oyó:

- Hijo mío, Dios nos bendiga. Solo ahora vengo a tu presencia, porque tengo que seguir otro destino. Realmente soy tu abuela, que te quiere mucho. Quien siempre te amó. No te juzgues frente a hechizos, en relación a lo que te dijo esa chica, ni siquiera frente a mí.

Clidenor cortó la voz:

- ¿Qué puedo hacer para conquistarla?

- No te equivoques: lo que quieres es posesión carnal.

- Eso mismo.

- No hay ninguna condición, pues son muy diferentes y sus espíritus no podrían lograr, en esta existencia, una unión sana y completa. Sepa que alguna vez estuvieron juntos, pero gracias a ustedes, existió el resultado actual...

- ¿Por mi culpa? ¿Cuándo? ¡¿Cuándo?!

- Hijo mío, en el futuro lo acabarás sabiendo, cuando tu alma reúna las condiciones para merecerlo.

- No quiero saber nada de ese futuro. La quiero ahora.

- No será posible. El nuevo daño causado por ustedes requerirá algunas vidas para que realmente se reencuentren.

- Entonces déjame. Si tuviera que decir eso, mejor déjame. De una forma u otra, ella será mía. ¡Con o sin tu ayuda!

- Ten cuidado, hijo mío. Este camino te es absolutamente desconocido. Si quieres acercarte a esta chica, cambia tu opinión sobre ella. Empieza por estudiar cosas sobre la Doctrina Espírita.

- ¿Por qué estudiar religión?

– Para que puedas cambiar tu interior, modificando esta vida tan peligrosa que vives. Antes de irme, quiero pedirte disculpas por haberte aconsejado que te vengaras, allá en el jardín, cuando te despidieron. Ambos estábamos sintonizados con el odio y por eso el acercamiento fue fácil. Hoy me arrepiento. Siempre te amé y en ese momento, cegada por el odio hacia tu jefe, solo quería ayudarte. Pero me convencí que en realidad me interponía en el camino. Desde entonces varios amigos espirituales me han aconsejado sobre el perdón y no querrás saber lo bien que me siento cuando logro perdonar alguna ofensa.

– ¡¿Perdonar a Salesio?! ¡Nunca!

– Está mal tomarse la justicia por mano propia. Dios, nuestro Padre, creó leyes eternas para Sus hijos y una de ellas es la justicia. El único juez infalible es la conciencia de cada uno. Por eso, amado de mi corazón, te ruego que no te vengues de nadie, porque todo el daño que causamos a los demás se vuelve contra nosotros.

Sintiendo que su abuela lo abandonaría, tal vez para siempre, Clidenor hizo un gesto de humildad:

– Abuela...

– ¿Qué pasa, hijo mío?

– No me dejes...

– Nunca te dejaré, porque el amor, a diferencia del odio, une a las criaturas para la eternidad.

– Abuela: ayúdame con Letícia...

– Ella es una buena criatura y de alguna manera está ligada a tu destino. Sin embargo, no apresures las cosas. Pide a Dios que ella sea feliz y no tengas dudas que esto ayudará mucho a tu propia felicidad. No puedo decirte más. Nuestra Señora Celestial te proteja. Adiós.

Entre lágrimas, Clidenor fue despertado por Joaquim, quien, preocupado por sus fuertes sollozos, pensó que su compañero de celda se encontraba mal...

– Fue... mi abuela... - fue la única explicación que logró darle a su amigo.

Pasó el resto de la noche en vela, recordando la figura tranquila de su abuela, siempre protegiéndolo, haciéndolo destacar entre los demás nietos.

Aunque su abuela había perdido la vida a una edad avanzada, Clidenor se lamentó en privado:

– "¿Por qué murió tan temprano?"

Antes del amanecer, se dio cuenta que todo en la gran prisión estaba en silencio. Grande fue el silencio.

Cuando el carcelero de guardia pasó frente a su celda, lo reconoció: era "Tiago del Cielo", apodado así porque hablaba a todos los presos sobre el Reino de Dios. Todos conocían al espírita: compañeros, superiores y reeducadores. La burla a su alrededor era permanente. Sin embargo, varias veces solo él, con sus "trucos", logró calmar crisis brutales de uno u otro preso, hecho que, en una prisión, es una rutina establecida.

Cuando alguien le pidió que le enseñara estos "trucos", él simplemente respondió:

– Jesús y la oración, oración y Jesús...

De hecho, el Tiago del Cielo se acercó a los poseídos, quienes los intimidaron a todos, y con una simple imposición de manos, diciendo el "Padre Nuestro", con voz fraterna y tranquila, logró calmar al hombre en crisis. Todos los que habían sido afectados por tales crisis y que habían sido atendidos por el amable carcelero, nunca más las presentaron. Es que recibió un ejemplar de *"El Evangelio según el*

Espiritismo", quienes comenzaron a leer y comentar con el donante, logrando calmar sus inquietudes.

La verdad es que hubo muchos estudiantes reeducados que se habían convertido al Espiritismo, o mejor dicho, habían adoptado esta Doctrina como la primera en sus vidas.

En la prisión, Tiago era considerado unánimemente un buen hombre, "una ayuda segura en tiempos difíciles", al no tener enemistades, tan comunes, entre el personal penitenciario y las criaturas condenadas por la justicia terrenal.

Clidenor, por impulso, pensó que aquella era una excelente oportunidad para hablar con alguien que entendía "esas cosas", llamando a Tiago.

Lo llamó suavemente, pero lo suficiente para ser escuchado por el oficial de prisión.

Tiago estaba un poco asustado porque no esperaba que nadie estuviera despierto a esa hora y, además, identificado, ya que había poca luz.

Se acercó a los barrotes. Nunca había temido estar cerca de ninguno de esos hombres infelices.

Clidenor se levantó con cuidado y se acercó también a los barrotes.

– Tiago, por favor, necesito hablar contigo...

– Sí, hijo mío, ¿qué quieres?

– Hay algunas cosas malas pasando por mi cabeza.

– ¿Qué cosas malas?

– Escucho voces...

– ¿Y qué dicen?

- Lo escuché dos veces: cuando era niño, diciéndome quién me había hecho algo malo; y hoy, esta noche, escuché esas mismas voces hablándome de un asunto íntimo...

Clidenor no quiso decir de quién era la voz. Haciendo una pequeña reflexión, el carcelero dijo:

- Clidenor: en primer lugar hay que considerar que esto no es malo. Las voces que escuchaste solo podrían ser de alguien que te conoce bien.

Hubo silencio entre ambos.

Clidenor pensó rápidamente ante lo que acababa de escuchar, comprendiendo que Tiago conocía bien "esas cosas."

Después de esta pausa, Tiago preguntó:

- ¿Sabes de quién era la voz?

Mintió:

- No, no lo sé, y ahora que me lo dijiste debe ser de alguien que me conoce bien, quiero saberlo.

- Fíjate bien: en el Espiritismo, se considera médium a quien escucha voces, pareciendo estar "dentro de su cabeza." Del análisis de lo oído se puede deducir la intención del espíritu que habla. Generalmente, tales voces siempre aconsejan al médium algún procedimiento, alguna acción. En tu caso, por ejemplo, no hace falta que me lo digas, porque es íntimo, pero dime: ¿fue un consejo, para bien o para mal?

- Para el bien...

- Así que no dudes en seguirlos.

- Pero, ¿quién fue?

- Seguramente un amigo o familiar que te quiere mucho.

- ¿Me pregunto si será algún muerto?

– Puede ser.

– Los muertos, hasta donde yo sé, no deberían hablar.

– Si habla es porque está viva, ¿estás de acuerdo?

Clidenor se detuvo a pensar. Esa había sido la piedra de toque: realmente, Tiago tenía razón y ahora todo tenía mucho sentido. Aquel hombre sencillo, que ocupaba una posición humilde en el poder judicial, tenía algunas ocurrencias filosóficas que empezaban a inspirar respeto. Esto pensó Clidenor, quien buscó profundizar más en el tema:

– ¿Qué quieres decir exactamente con eso?

– Estoy diciendo que la muerte no existe. Si el cuerpo habla es porque hay un espíritu dentro de él. Y si el cuerpo muere, no pudiendo ya hablar, y si habla, es porque el espíritu sigue viviendo.

Haciendo una pausa para que Clidenor asimile el concepto, Tiago continuó:

– Naturalmente, el diálogo entre un espíritu sin cuerpo y un cuerpo con espíritu solo se produce bajo ciertas condiciones.

– ¿Qué condiciones, Tiago?

– A través de los mecanismos divinos de la mediumnidad. Cuando encuentras un médium adecuado, con el que entras en sintonía, el espíritu facilita el diálogo.

– ¿Eso significa que soy médium?

– ¡¿Aun lo dudas?!

Clidenor estaba asustado. Nunca se le había pasado por la cabeza la posibilidad de poder "hablar" con los muertos. "O mejor dicho – pensó –, con los espíritus." Estaba muy asustado.

Por primera vez en su vida, sintió los cimientos de su fuerza mental.

Tiago, comprendiendo la gravedad del momento en que el progreso de un hombre puede tomar la dirección correcta o desviarse peligrosamente, completó su respuesta, con gran calma y consideración:

- Sí, eres médium. Gracias a Dios por esto, porque puedes ver que aquí pocas personas tienen la oportunidad de hablar con espíritus de cualquier parte del mundo.

- Pero esto es peligroso...

- ¿Qué peligro puede suponer una herramienta tan importante de progreso espiritual si se permanece siempre en el camino del deber, actuando en beneficio de los demás?

- ¿Cómo así?

- Este verdadero don no es gratuito: todo lo que Dios pone en nuestras manos es para nuestro propio progreso espiritual, pero nadie progresa sin ayudar al progreso de los demás.

Una vez más Clidenor se sintió atrapado. Él no actuó así. Durante muchos, muchos años había estado buscando solo su comodidad, su conveniencia; en una palabra, su beneficio. Como se entendía a sí mismo como persona; es decir, como podía vivir sin necesitar a nadie, solo había hecho lo que redundaba en su beneficio, sin preocuparse nunca de a quién tenía que derribar para conseguirlo.

En su mente, las ideas chocaban como canoas atrapadas en un vendaval, con las amarras sueltas o rotas.

Los pensamientos, a un ritmo vertiginoso, habían perturbado su metabolismo y empezó a sudar profusamente, aunque la temperatura era suave a esa hora, casi al amanecer.

Tenía miedo de perder el conocimiento.

Tiago del Cielo, metiendo los brazos entre las barras de hierro, puso las manos sobre la cabeza de Clidenor y oró, como siempre hacía, el "Padre Nuestro."

Como por milagro, el reeducado se recuperó.

A la crisis física le siguió un gran bienestar y calma. Tiago aprovechó la oportunidad:

– Jesús, nuestro Maestro, nunca mintió. Una vez dijo que cuando alguien estuviera en apuros, debía buscarlo, porque Él le daría el alivio necesario. La forma en que aceptamos a este Gran Amigo es a través de la oración, siempre hecha con fe y sinceridad. Cuando ores, pídele a Cristo que te ayude a comprender tantos acontecimientos de tu vida.

Sin esperar agradecimientos, Tiago finalizó el diálogo:

– Necesito trabajar. Te sugiero que hagas una oración a favor de este espíritu que te ha estado hablando.

Ante el asombro de Clidenor, asombro que reverberaría en su alma durante mucho tiempo, dijo con la mayor sencillez:

– Ella es tu abuela y te quiere mucho.

Clidenor, ante todo lo que acababa de ver, pasó varios días pensando en las palabras del Tiago del Cielo.

¡Admiraba a ese hombre!

Más que eso: por primera vez en su vida, había encontrado a alguien a quien respetar.

Quería volver a hablar con él, pero la oportunidad nunca llegó.

Dos semanas después, se despertó sobresaltado en medio de la noche, ya que su espíritu le dijo que estaba en peligro.

De hecho, siendo traficante de drogas, esta impresión de peligro inminente siempre lo acompañó. Pero esa fue la primera vez que sintió, de manera casi tangible, la proximidad del peligro.

Se puso de pie con cuidado, como un gato al acecho, observando todo a su alrededor, hasta donde podía ver. El compañero de celda dormía profundamente. Ningún movimiento, ninguna sombra moviéndose, solo una oscuridad lúgubre envolvió todo el corredor de la prisión.

Regresó a la cama, con gestos cautelosos, sin hacer ningún ruido.

– "¿Fue una impresión? ¿Me equivoqué? ¿De dónde vino ese sentimiento?"

Al hacerse mentalmente estas preguntas, se dio cuenta que estaba sudando, mucho, como había sucedido cuando hablara con Tiago. Cuando recordó a Tiago, recordó lo que se había dicho en aquella noche memorable.

Avergonzado, frente a sí mismo, en una actitud paradójica de incredulidad y de fe incipiente, decidió hacer una oración para ver qué pasaba. Según Tiago, habría que hacerlo con fe.

Luego, acostándose en la cama, cerró los ojos. Con gran dificultad expulsó de su mente la multitud de pensamientos que insistían en conducirlo a Letícia, a las drogas, a Salesio...

Entonces recordó que en la cafetería había un cuadro entero, recubierto de grasa, en alto relieve, representando la "Santa Cena del Señor." Pensó mucho en ese cuadro. Letícia, Tiago del Cielo y su abuela, los tres, le habían dicho que Jesús siempre ayuda a quien pide ayuda. Y realmente necesitaba ayuda en ese momento.

Pensó:

- "Ayúdame y no dejes que me pase nada."

Su imaginación, sin darse cuenta, había dirigido al Maestro Nazareno una petición, una oración. ¡La primera de su vida!

Nada pasó.

De hecho, eso era exactamente lo que había pedido.

La sensación de peligro cesó. Cuando se dio cuenta que la impresión de alguna amenaza ya no lo rodeaba, se alegró de saber que su oración había sido respondida.

Se quedó dormido. O al menos; pensó que estaba en problemas cuando, frente a él, vio que alguien le extendía la mano y lo llamaba:

– Ven, hijo mío.

No conocía al hombre que estaba allí, frente a él. Extremadamente asustado, sabiendo o al menos creyendo saber que no era un sueño, se preguntó cómo había entrado ese hombre en su celda. No es su compañero de prisión, que dormía a su lado, profundamente dormido. No había oído al carcelero abrir las puertas de hierro, que siempre hacían ruido. De hecho, en aquella prisión, cualquier movimiento de las rejas, por pequeño que fuera, llamaba la atención. La fricción de los hierros, que llevaban mucho tiempo sin lubricar, no permitían intencionadamente el más mínimo movimiento de apertura o cierre, sin provocar ruidos característicos.

Esto se consideró un dispositivo de alarma natural. Quería levantarse, pero su cuerpo no obedecía.

Un escalofrío recorrió todo su cuerpo. Estaba al borde de una crisis histérica y su sistema nervioso lanzaba un fuerte grito de terror.

El hombre, con mirada muy gentil, con voz tranquila, repitió:

— Ven conmigo, hijo mío.

Clidenor quiso hablar pero tampoco le salió la voz. Sin embargo, el hombre "adivinó" su pensamiento, ya que respondió la pregunta que le iban a hacer:

— Soy amigo de tu abuela. Estoy aquí a petición suya. No tengas miedo a nada. Mi nombre es Augusto.

Una extraña calma invadió al muchacho reeducado. Sus funciones orgánicas volvieron a niveles normales. El miedo desapareció. Retomaron su habitual ingenio y astucia ante los problemas.

Mientras el desconocido, Augusto, parecía leerle el pensamiento, inició un diálogo mental:

— ¿Ya has muerto?

— Mi cuerpo, sí. Muchas veces. Y tú también. Tales son los mecanismos divinos de la reencarnación.

— Quiero saber si ya estás muerto, como mi abuela.

— Tu abuela, tanto como yo, vivimos en el mundo espiritual.

— ¿Y qué quieres?

— Ayudarte.

— ¿Cómo puedes ayudarme?

"De hecho - se dijo más para sí mismo -, creo que estoy soñando, porque ¿cómo le estoy hablando a un alma de otro mundo?"

— Hijo mío, esto no es un sueño, aunque tu cuerpo esté dormido.

Entonces, en ese preciso momento, Clidenor volvió a sentir miedo, casi terror. Su primer pensamiento fue:

— "¡¿Yo también morí?!"

– No, no moriste, de hecho nadie muere, como ya te dije. Lo que el mundo llama "muerte" no es más que el paso que el espíritu hace de la vida material preponderante a una vida espiritual plena.

Lo tranquilizó:

– Aun no has hecho esta transición...

Clidenor se recuperó, en parte:

– ¿Dónde está mi abuela?

– Tu abuela pronto regresará a otro cuerpo físico, para una nueva etapa de reencarnación. La fase actual es la de preparación para tan importante bendición. Por lo tanto, se encuentra en retiro, bajo la responsabilidad de los benefactores espirituales, no estando ya disponible para que te contactes con ella. Sin embargo, antes de este retiro, me pidió que te ayudara, cosa que solo ahora puedo hacer, ya que solo ahora te has acordado de Jesús.

– "La oración"- pensó Clidenor.

– Sí, fue tu oración la que abrió las puertas de la celda en la que estabas, representada por la separación total de tus pensamientos de Dios, nuestro Padre:

– ¿Volveré a ver a mi abuela algún día?

– Por supuesto que podrás verla, siempre que Dios lo permita.

– ¿Y cuándo será eso?

– Cuando lo merezcas.

– ¿Cómo?

– Trabaja, hijo mío, trabaja; siempre un trabajo que sea productivo y útil. Que al menos una persona se beneficie de un acto tuyo y ya habrás comenzado a adquirir el mérito.

Clidenor se sintió avergonzado, como un niño sorprendido en una travesura. Pero el tono de Augusto no fue de reprimenda o amenaza, sino de bondad y comprensión.

Conmovido en el alma por la docilidad del desconocido visitante, consideró que aquel momento era de trascendental importancia para su vida. Estaba encarcelado, con barras de hierro que lo aislaban del mundo y; sin embargo, recibía visitas, allí dentro de la celda, algo que quizás muy pocos, si es que alguno, de las otras personas reeducadas habían tenido alguna vez.

El trato a la visita había cambiado:

– ¿Cómo puedes ayudarme?

– ¿Vamos a dar un paseo?

– ¡¿ ?!

– Sí, vamos a dar un paseo.

El extraño no era un mentiroso, ese momento era absolutamente inapropiado para bromas o chistes, ¡sin embargo lo había invitado a caminar!

– "¿Cómo voy a salir con estos barrotes?" - pensó Clidenor.

Una vez más el hombre plasmó sus ideas:

– Tu cuerpo quedará aquí y solo tu espíritu irá con nosotros a un breve paseo, o mejor dicho, un breve ejercicio.

– ¡¿Con nosotros?! ¡¿Vendrá más gente?!

– Con nosotros, sí. Pero mira mejor, en esta celda no estamos solo tú, tu colega y yo: dos compañeros, amigos, mis amigos del mundo espiritual también han estado aquí desde que llegué, pero aun no los habías visto. Mira cuidadosamente.

De golpe en golpe, el cerebro de Clidenor se preguntaba si estaba en perfecta razón. Como surgidos de la nada, vio a dos hombres más, uno a cada lado de Augusto, ambos también con una expresión amistosa.

– No, hijo mío: no estás loco. Lo que debes entender es que tienes un don extraordinario, que es la mediumnidad. Ya no hay ninguna duda en tu mente que escuchas la voz de los espíritus, por lo que eres un médium de audiencia. Ahora es tiempo que eduques otra condición mediúmnica, de mucha mayor responsabilidad, que es la posibilidad del desdoblamiento espiritual, de manera consciente.

En tono muy preocupado, advirtió:

– Nunca olvides que tal mediumnidad es peligrosa y puede causar daños terribles si es estimulada o aplicada para el mal.

Hizo una larga pausa, miró a Clidenor directamente a los ojos y continuó enfáticamente:

– Nunca intentes realizar un desdoblamiento espiritual, sin la compañía protectora de espíritus amigos. De hecho, es bueno saber que estás iniciando pruebas, para que, en el futuro, puedas unirte a equipos especializados en estas tareas. Pero repito: el médium solo debe permitirse salir del cuerpo – desdoblándose –, con plena conciencia de lo que hace, siempre y cuando cuente con el debido apoyo de un equipo especializado.

La advertencia concluyó:

– En ningún caso la iniciativa debe provenir del médium. Esta persona debe esperar una llamada, estando siempre preparada para posibles emergencias o invitaciones, como lo estoy haciendo ahora contigo.

Después de pensar y repensar lo que estaba pasando y considerar que no tenía nada que perder, Clidenor tomó aliento y admitió:

– ¡Hagamos el recorrido!

El Trigo y la Cizaña

El momento tuvo una importancia sorprendente en la vida de Clidenor y su espíritu lo registró.

Nunca se había sentido tan apoyado, tan convencido de lo que estaba haciendo, a pesar de no saber en absoluto qué pasos debía dar, qué actitud tomar.

En completa sumisión a las órdenes que esperaba de Augusto, reflexionó, íntimamente, que se trataba de una persona diferente a cualquiera que conociera. Solo lo había visto hacía unos momentos y; sin embargo, confiaba total y definitivamente en él.

Lo que más excitaba su espíritu era el hecho que todo estaba sucediendo en otra dimensión, que nunca había sospechado que existiera y que parecía tan palpable, tan cercana...

Estaba ansioso. Muy ansioso.

Augusto, amigo y prudente, aconsejó:

- Muy bien. Presta atención a nuestras instrucciones. Tendrás que hacer exactamente lo que te decimos. No dejes que tu pensamiento se salga de control. Piensa firme y fijamente en las bendiciones de Dios, en la fuerza del bien, de la caridad y del amor. No vaciles ni hagas gestos de sobresalto. Mantén un control absoluto sobre tu cerebro. Idealiza este pequeño viaje como un regalo, que no disfrutarás graciosamente, ni como turismo, ni siquiera como recorrido, sino como una sublime oportunidad de trabajo.

Completadas las instrucciones preliminares:

– ¿Estás listo?

– Sí.

– Entonces, para comenzar nuestra tarea, oremos.

Extraño, sin abrir la boca, Augusto "decía" y Clidenor "escuchaba":

– ¡Jesús, Maestro de la Paz! Aquí estamos, Hermano Mayor, orando por Tu luz para nuestros caminos. Permite, Señor, que junto a nuestro hermano Clidenor, llevemos alivio a los que están atormentados. Esperamos confiados, pero plenamente que solo seremos respondidos si ésta es la voluntad del Padre, que siempre sabe lo que es mejor para todos sus hijos.

Clidenor siguió la oración, que cuando terminó produjo un fenómeno maravilloso en Augusto: una luz brillante que lo iluminaba todo, de adentro hacia afuera.

Cuando Clidenor abrió los ojos y vio esta luminosidad, no pudo mantenerlos abiertos, tal era la intensidad.

Ya lo respetaba, pero comenzó a admirarlo sinceramente. Sabía, por intuición, que estaba en presencia de un santo o de un ángel. Al menos esa fue la idea de Augusto. Algo sorprendente empezó a sucederle a Clidenor: su cuerpo, o mejor dicho, un duplicado de su cuerpo, en la posición horizontal, comenzó a levantarse lentamente de la cama.

Con sentimiento de euforia recordó que, anteriormente, había soñado alguna vez con esto, o mejor dicho, no era la primera vez que su cuerpo, duplicado, comenzaba a levantarse de la cama, dejando a la otra "copia" dormida. Pero cada vez que esto sucedía, pronto se despertaba. Y ahora, su cuerpo iba subiendo, subiendo... hasta quedar de pie, fuera de la cama, al lado de Augusto, quien, pensativo, exclamó:

- ¡Gracias a Dios!

Clidenor quedó deslumbrado, sin saber qué debía hacer o decir. Miró la cama y vio su cuerpo inmóvil, durmiendo. Sí: todo esto estaba sucediendo realmente y ahora sabía plenamente que el espíritu tiene vida propia, independiente del cuerpo físico.

Sin perder tiempo Augusto ordenó:

- Vamos a trabajar y que Jesús nos bendiga.

Dicho esto, sus dos compañeros se acercaron a Clidenor, cada uno agarrando su muñeca. Uno de ellos le dijo:

- Si quieres, puedes mantener los ojos abiertos. Pero pase lo que pase, no te asustes. Recuerden que estamos en la dimensión astral, actuando solo con nuestro espíritu.

Clidenor, sintiéndose apoyado, mantuvo los ojos abiertos.

- ¿Estás listo?

- Sí, lo estoy.

- Entonces vamos. ¡Confiemos en Jesús!

Los cuatro avanzaron lentamente hacia los barrotes. Augusto estaba por delante. Con asombro, Clidenor lo vio pasar entre los barrotes y llegar al pasillo. Acercándose, a su vez, retrocedió para evitar el shock. Pero esto no sucedió: de manera completamente inexplicable para él, también se encontró fuera de los barrotes, habiéndolos cruzado, junto con sus dos compañeros, sin la menor dificultad, ¡como si fueran un espejismo!

Fantástico: ¡estaba libre!

Rozaba la ficción: la puerta ni siquiera se había movido y él estaba en el pasillo, vacío a esa hora. Manos firmes continuaron sujetando sus muñecas, transmitiéndole una sensación placentera, nunca antes experimentada. Tenía ganas de salir corriendo, sin destino, simplemente huir...

En tono enérgico, Augusto le amonestó:

– Nuestro objetivo es ayudar a quienes sufren, no lo olvides.

Tratando de controlar la maravillosa impresión que le había invadido, Clidenor asintió con humildad.

Una leve presión en las muñecas le hizo comprender que debían abandonar ese lugar. Efectivamente, el grupo empezó a moverse por aquel siniestro corredor, advirtiendo a Clidenor que no mirara las celdas ni pensara en otra cosa que no fuera Jesús.

– "Jesús – pensó –. Todos me dicen que piense en Jesús... Lo único que sé es que él era bueno pero fue arrestado y asesinado por la ley, como me dijo la abuela..."

Y, completando el monólogo íntimo:

- "Si me dicen que piense en él, pensaré: quiero que me ayude y siempre que pueda le ayudaré también..."

– Clidenor, Clidenor.

Era Augusto, que iba al frente del grupo y se dio vuelta:

– Pensar en Jesús no es hacer promesas de devolver ayuda. Pensemos en la gran caridad que Él dio a toda la Humanidad, dejando incomparables ejemplos de amor, perdón y humildad.

La presencia de esas tres entidades, en diálogo mental con Clidenor, no le permitía desviar el rumbo de sus pensamientos, tan pronto como formulaba una idea, pronto llegaba una respuesta. Y todo, invariablemente, con sugerencias para meditar sobre el bien y las virtudes.

De sorpresa en sorpresa, Clidenor identificó hacia dónde se dirigía el grupo: la enfermería de la prisión.

Atravesar las paredes, como si estuvieran hechas de fina humo, ya no era tan sorprendente.

La mayor sorpresa, tal vez, estaba por llegar: uno de los pacientes ingresados en la sala, llamado Décio, había resultado gravemente herido en una pelea hacía dos semanas; la cirugía a la que fue sometido en el hospital, fuera de la prisión, aparentemente se había realizado bien; había regresado a la cárcel, siendo internado allí para convalecencia; Sin embargo, hacía dos días que había comenzado un intenso sangrado; los responsables creyeron erróneamente que Décio se había causado él mismo la herida, para provocar una nueva cirugía, cuando intentaría escapar; por lo tanto, no prestaron más atención a la hemorragia, comprometiendo ahora gravemente la vida del estudiante reeducado, quien en ese momento, con terribles dolores, gemía desesperadamente. Tenía los ojos desorbitados, sintiendo la proximidad de la muerte. Percibió, con terror, figuras siniestras a su alrededor, con expresiones espantosas. Aunque él no lo sabía, era un médium psíquico; es decir, tenía la mediumnidad de ver espíritus. Estaba desesperado. Estaba pensando en su esposa y sus cuatro hijos, todos los cuales se encontraban en gran necesidad desde que lo arrestaron por robo a mano armada. ¡Cómo se arrepintió de aquel loco robo!

¡Cómo se arrepintió! Si pudiera retroceder en el tiempo, preferiría morir de hambre con toda su familia, pero nunca participaría en otro robo.

El dolor realmente era muy fuerte y ya estaba más allá del límite soportable.

Medicamentos, pocos e inadecuados.

Llevaba horas pidiendo anestésicos, a gritos, sin que nadie le ayudara.

No le quedaba esperanza: estaba convencido que iba a morir. El hombre lloraba.

Sus lágrimas habían hecho que la almohada arrugada se empapara.

Sintiendo que la muerte llegaría en cualquier momento, pues sus mensajeros ya lo rodeaban, se arrepintió de las cosas malas que había hecho, de las que podía recordar. Pensó en sus padres. Recordó un día, como tantos otros, que su padre lo llevó a la Iglesia para asistir a la Santa Misa. Pero ese día nunca lo olvidaría. En el sermón, el sacerdote, en pocas palabras, dijo: "*Venid a mí todos los que estáis afligidos, que yo os consolaré. Mi carga es ligera y mi yugo fácil.*" Después de unos momentos de silencio, el sacerdote se dirigió hacia una imagen de Jesús crucificado. Él la miró largo rato, se volvió hacia los fieles y preguntó:

– ¿Saben quién dijo esas palabras que acabo de decir?

– Fue Nuestro Señor - respondieron casi todos los fieles.

El sacerdote continuó:

– ¿Y saben a qué se refería Jesús cuando dijo eso?

– Lo sabemos, padre - respondieron muchos.

Décio, en sus siete años inquietos, sin entender nada, gritó:

– ¡Yo no sé!

El asombro ante la misa fue grande. Su padre tiró de sus orejas. Con reprimenda en sus ojos, todos se dirigieron a ese "incómodo niño."

El sacerdote, solo el sacerdote, fue la única persona que lo entendió. Utilizando sus conocimientos pedagógicos y agregándoles energía, calmó la pequeña conmoción. Lo llamó allí frente al altar y, junto a la imagen de Jesús, amablemente le dijo:

– Hijo mío: cuando alguien nos dice algo y no lo entendemos, lo mejor es pedir explicaciones a quien lo dijo. En el caso de Jesús, necesitamos pensar mucho en las palabras que Él dijo y que Sus Apóstoles dejaron escritas en la Biblia, en el Nuevo Testamento.

Mirando a la gente, continuó: ·

– Primero que nada, ¿quién era Jesús?

Él mismo respondió:

– Fue Nuestro Señor, quien vino a este mundo para sacarnos del pecado y salvarnos.

Haciendo una pausa, luego continuó:

– *"Venid a mí todos los que estáis afligidos"*: esto significa cualquier tipo de aflicción, tanto del cuerpo como del alma. ¿Cuáles son las aflicciones del cuerpo? Dolor, en todas sus manifestaciones, desde la punta del pie hasta la coronilla. ¿Cuáles son las aflicciones del alma? El remordimiento, el arrepentimiento, la vergüenza, causados por los pecados.

Enfático, en este punto del sermón:

– Y solo la Iglesia Católica Apostólica Romana tiene la autoridad de decidir, en el nombre de Cristo, cómo y a quién ayudar...

Respirando profundamente, continuó amenazando:

– *"Mi carga es ligera"*: quien cumple con sus obligaciones, determinadas por la Iglesia, sin quejarse, es semejante a un cordero, no sintiéndose obligado a hacerlo, sino haciéndolo para liberarse del peso de sus pecados.

Captando la atención de los fieles, con más amenazas, sin dificultad, concluyó el sermón:

– *"Mi yugo es fácil"*: esto significa que quien permanezca obediente a los mandamientos de la Iglesia, siempre recordados y recomendados por los "Ministros de Dios" y el Santo Padre, no irá al infierno ni sufrirá el castigo eterno.

Sonriendo, después de su predicación, en la que ensalzó el poder y la jerarquía de la Iglesia Católica, como única poseedora de la verdad y de las prerrogativas cristianas, el sacerdote lo abrazó y, sin preguntarle si ahora conocía o había entendido la frase evangélica, le ordenó que se sentara.

Décio obedeció. Había entendido algo.

Al morir su padre unos años después, víctima de una larga enfermedad, intentó aplicar, ante el dolor por la pérdida inminente, lo que su mente había grabado en el citado sermón. Muchas veces le pidió a Jesús que viniera y le diera algunas medicinas a su padre. Como Jesús no vino y por eso su padre murió con terribles dolores, se volvió incrédulo.

Décio repasó todos estos hechos en su memoria en apenas unos segundos.

Ahora, allí en aquella Enfermería, sintiendo que su vida llegaba a su fin, el dolor era insoportable, al igual que su padre, recordaba aquella misa, de hace tantos años. Como ya no le quedaba ninguna esperanza, convencido que moriría en unos momentos, aun reunió, con un gran esfuerzo mental, las últimas posibilidades de salvación y pensó, fervientemente:

– Qué bueno sería que mi padre viniera a buscarme; no quiero morir e irme al otro mundo sin tener amigos. Por supuesto, como soy prisionero, iré al infierno...

Continuó angustiado, dándole vueltas a pensamientos:

– Jesús: Sé, Señor, que no me escuchas, porque no salvaste a mi padre ni me liberaste de la cárcel; pero, como dijo el sacerdote, si viniste a salvar a los hombres, ¿podrías al menos decir por qué no salvaste a mi padre y no me salvas a mí? Señor, sabes cuánto he sufrido, cómo el dolor me ha destruido. Sé que soy un pecador, pero si por eso, Señor, no vienes a ayudarme, al menos no me dejes ir al infierno...

Sintiendo que su cerebro se nublaba, pensó que la muerte ya había llegado.

En su desesperación, que hizo que el dolor se intensificara, hizo un último llamamiento:

– En nombre de Dios Padre, por amor de Dios, me arrepiento de mis pecados. ¡Perdón!

En el frío de la madrugada, en las densas nieblas astrales que rodeaban y envolvían por completo la gran prisión, un poderoso rayo de luz atravesó esa espesa capa fluídica. La Enfermería, particularmente donde se encontraba la cama de Décio, se iluminaba como si el Sol hubiera irrumpido repentinamente en esa dirección, encontrando las ventanas abiertas...

El enfermo, y solo el enfermo, vio esa luz. Fueron tantos dolores que no tuvo miedo. Imaginó que era su fin.

Se resignó a lo que consideraba su muerte.

Pero hubo una sorpresa: en el centro de atención había un hombre: un hombre con una gran serenidad en sus ojos. Debía ser bueno.

Tenía que ser bueno, con esa mirada, tan mansa, tan piadosa, nunca vista así por Décio. "Un ángel" - pensó el enfermo. En lo que imaginaba sería el delirio final, Décio balbuceó:

– ¡Jesús, Jesús! ¡Señor, me escuchaste!

Una extraña calma lo invadió, mientras las siniestras figuras que habían estado rodeando su cama salieron corriendo, frente a una luz tan fuerte.

Esperando una oscuridad total, tuvo una segunda sorpresa cuando vio al hombre de la luz acercándose a la cama y hablándole:

– No, hijo mío, yo no soy Jesús. Mi nombre es Augusto. Soy tu hermano, a quien la caridad de Jesús permitió venir a ayudarte. Ya no tengo el pesado cuerpo de carne, pero estoy aquí porque tus oraciones fueron contestadas.

– ¿Eres un ángel?

– No, hijo mío. No soy un ángel. Solo soy un humilde trabajador que intenta seguir las recomendaciones de Jesús, que acabas de recordar, en tan buen momento.

Décio recordaba perfectamente las palabras del cura en la misa.

– ¿Eres empleado de la Iglesia Católica?

– Hijo mío, cálmate. Tendrás tiempo para respuestas. Tratemos tu lesión.

Recién ahora el reeducado se dio cuenta que desde que vio al hombre de luz los dolores habían disminuido, aunque no habían cesado por completo.

"El hombre de luz", como pensó Décio, luego dijo unas palabras a alguien que lo acompañaba.

Ahora el susto fue grande: Décio identificó quién estaba al lado de Augusto: dos hombres, también "de luz", aunque menos que el suyo. El susto fue porque había más gente. Fijando la mirada identificó al cuarto visitante: Clidenor, a quien conocía bien, pues era notoria su actividad como narcotraficante.

- "¿Cómo entró? ¿Cómo salió de la celda? - pensó. Dedujo -, "definitivamente, murió."

El "hombre de luz", captando mentalmente tantas dudas, lo calmó:

– Tu colega no murió. Lo que estás viendo es tu espíritu, que también fue traído aquí para ayudar. Su cuerpo duerme en esta celda de la prisión, pero aceptó la tarea para ayudar a los necesitados. Cuando alguien está herido, además de la ayuda que proviene de los protectores espirituales, muchas veces también se necesita una sustancia energizada que solo tienen los espíritus encarnados. Pero ten en cuenta:

Sin decir palabra, solo con una mirada, Augusto indicó a Clidenor que colocara su mano en la frente del paciente y que sus asistentes permanecieran en oración. Luego, con las manos ahuecadas, comenzó a recoger una sustancia un tanto vaporosa que salía de las fosas nasales de Clidenor, teniendo un olor que ni él ni Décio pudieron identificar. Al contacto con las manos de Augusto, la sustancia pareció iluminarse, tomando más consistencia, pareciendo algodón; cuando tuvo las manos llenas, la extendió sobre el abdomen de Décio, en una operación muy suave.

Los dolores, los que quedaban, iban disminuyendo.

Dos veces más se realizó esta verdadera transfusión.

Asombrado, Décio notó que la hemorragia había cesado. La herida ya no le causaba ningún dolor.

Después de unos minutos el "hombre de luz" colocó su mano derecha sobre la cabeza del paciente y sugirió:

– Oremos y agradezcamos a Jesús. ¿Nos estás siguiendo?

Décio no pudo responder, pues las lágrimas bloqueaban cualquier posibilidad. Pero él asintió.

– ¡Alabado sea nuestro Señor Jesucristo! Le agradecemos su amor por toda la Humanidad y aquí, en particular, con nuestro hermano Décio. Oramos para que Tu luz permanezca en nuestros corazones e iluminando especialmente nuestros caminos. ¡Gracias Señor!

Cuando terminó la oración, copos como nieve, muy brillantes, cayeron sobre todos, incluidos los demás internos, que no notaron nada. Los copos, muy finos, desaparecían al contacto con cada uno.

¡Imposible no conmoverse!

Décio no pudo contener las lágrimas, abundantes, llenas de gratitud, que se mezclaron sobre la almohada, con el intenso sudor de un momento atrás.

Lágrimas y sudor, o sudor y lágrimas, fueron testigos del gran dolor, que el sincero arrepentimiento y la fe habían quitado de aquel corazón sufriente.

Augusto, en un gesto de significado sublime, se inclinó y besó primero la frente del hombre que lloraba y, provocando admiración incluso entre sus asistentes, besó también la herida.

Décio, el revuelo a niveles inimaginables, solo atinó a balbucear:

– Dios te bendiga...

Y mirando a los asistentes de Augusto y a Clidenor, en particular:

– Dios se los pague a todos.

El "hombre de luz" recomendó:

– No nos agradezcas, porque solo cumplimos con nuestro deber, nada más.

Mientras decía estas palabras miró significativamente a Clidenor, quien captó la advertencia.

Haciendo hincapié en irse, añadió:

– Si quieres mejorar y ser feliz, perdona a tu enemigo. Ora por él. El perdón es una medicina sagrada, hijo mío. No olvides eso. Si la oración nos conecta con Jesús, el perdón nos trae paz. Y salud...

Augusto volvió a mirar a Clidenor.

– "Eso fue para mí también" - pensó Clidenor.

Augusto hizo un pequeño gesto con la cabeza, confirmando.

Clidenor, de hecho, quedó asombrado por todo ello. Casi no podía creer lo que veía y, especialmente, su participación. Estaba mudo. Incluso si quisiera decir algo, no podría. Había visto cosas que nunca podría imaginar. Sin entender nada de esos hechos, lo único que pudo pensar fue que todo era solo un sueño, ¡un sueño fantástico!

A un gesto de Augusto, la delegación abandonó la Enfermería. Décio ya no podía verlos porque se había quedado profundamente dormido.

El séquito espiritual se dirigió hacia la celda de Clidenor, indicándole claramente que debía regresar a ella. En el camino de regreso, al pasar por las distintas celdas del pasillo, Clidenor notó un extraño fenómeno: de todas ellas salían tenues hilos de luz, de colores desvaídos, a veces plateados, a veces rojizos, a veces gris, que oscilaba como ramas movidas por la brisa; Cruzaron el techo y se dirigieron alto, muy, muy lejos...

– Son tus compañeros los que duermen y sus espíritus están afuera, en regiones con las que están mentalmente en sintonía - aclaró Augusto, añadiendo -, este hilo de luz es el que une el espíritu al cuerpo. Aquí mismo, en esta prisión, hay muchos que ni siquiera salen de sus celdas, ya que sus espíritus están fuertemente anclados a los males que mentalizan, para la acción local.

Clidenor iba a preguntar algo, pero prefirió permanecer en silencio.

La mente estaba a tope.

Muchos pensamientos contradictorios pasaron por su cabeza.

Cuando llegó frente a su celda, instintivamente se negó a regresar. Con mucha calma, pero sobre todo con la energía irresistible que solo confiere una gran elevación moral, Augusto dijo:

– No, hijo mío, aun no es el momento de tu libertad. Gracias a Dios por los momentos libres que acabas de disfrutar, aun al servicio del bien. Si calmas tu corazón, se te presentarán nuevas y felices oportunidades para trabajar en favor de los necesitados.

Con expresión firme, señalando el cuerpo de Clidenor que dormía inmóvil, dijo:

– Regresa a tu cuerpo ahora. Primero, no lo olvides: solo disfrutarás de la paz cuando perdones.

Clidenor ni siquiera pudo mostrar una reacción.

Sin controlar su propia voluntad, que era desobedecer, volvió a entrar en la celda, del mismo modo que había salido: atravesando los barrotes, sin sentirlos, sostenido por los dos espíritus auxiliares de Augusto, que también entraron allí, uno a cada lado, sosteniendo sus muñecas.

Cuando Clidenor llegó cerca de su cuerpo físico, uno de los compañeros dijo:

– El cuerpo es un don maravilloso que Dios le da al espíritu, para que lo utilice durante el camino terrenal. Y este don es copia fiel del periespíritu, primera cobertura del espíritu. ¡De la unión de los tres surge el hombre encarnado!

Clidenor aprovechó para escuchar y no "volver a entrar." Interiormente, se resistía a obedecer, aunque una fuerza irresistible lo atraía hacia la envoltura física.

Le perturbó lo que dijo a continuación Augusto:

– Las necesidades fisiológicas, incluidas las sexuales, solo deben satisfacerse en un ambiente de total responsabilidad. ¡Que Dios te bendiga!

Su preocupación había aumentado por el hecho que sus pensamientos sobre Letícia estaban todos envueltos en lujuria, haciendo que su deseo se convirtiera en ácido corrosivo, el cual, cuanto más le dolía, más quería ser herido...

No había forma de evitar regresar al nido carnal.

Fertilizante Invisible

Cuando despertó esa mañana, Clidenor recordó su sueño.

- "¿O no habría sido un sueño...?"

Los más mínimos detalles estaban en su memoria.

- "No, todo eso no había sido un sueño: realmente había sucedido."

Lo que más le había impresionado, en aquel sueño-realidad, era el hecho que "personas" habían entrado en su celda, lo habían llevado a la Enfermería; allí, "gracias a él", un prisionero moribundo, con una desagradable herida en el estómago, fue arrebatado de la muerte, todo sin abrir puertas, sin serrar, ¡y de manera invisible!

No quería hablar con nadie sobre estos hechos.

- "¿Quién le creería? Seguramente sería hospitalizado, como un loco."

Pensó intrigantemente en Augusto:

- "Qué poderoso era ese hombre, o mejor dicho, ese espíritu..."

Necesitaba saber muchas cosas para entender todos esos extraños sucesos.

Su pensamiento fue uno:

- "Si puedes, volver, simplemente vuelve a hacerlo así..."

Pasaron muchos días sin que Clidenor olvidara el extraño viaje y mucho menos perdiera el interés en comprender sus misteriosos mecanismos.

– "Pero, ¿quién lo dilucidaría?"

Tenía miedo de hablar con alguien.

Incluso con "Tiago del Cielo", ya que sospecharía de sus planes de llevar a cabo las milagrosas "fugas."

Durante varias noches esperó que esos acontecimientos volvieran a suceder. Pero nada.

Tenía pesadillas todas las noches en las que era atacado por dos hombres vestidos enteramente de negro; éstos atacantes buscaban arrancarle del pecho precisamente esa sustancia que le había donado a Décio...

El deseo de libertad, intrínseco a todo aquel que la perdió, se vio exacerbado en él por el recuerdo de los momentos "mágicos" pasados fuera de los barrotes, cuando todos los demás reclusos estaban confinados allí.

Era urgente que esto se repitiera y angustiado por no obtener respuestas, por mucho que lo intentara, durante las noches de insomnio esperando que el fenómeno se repitiera, decidió hablar con la única persona que tal vez podría aclararlo: Tiago del Cielo.

Sería prudente, mostraría interés por las cosas ocultas, místicas, hablaría de otros temas y en medio de ellos incluiría preguntas relacionadas con sus dudas candentes. Omitiría las pesadillas y la siniestra pareja de personajes que intentaron sacarle esa "medicina."

Sí. No había otra manera. No podía esperar más para descubrir el "cómo" y el "por qué."

Y así, en la primera oportunidad que vio a Tiago del Cielo, se dirigió humildemente a él, pidiéndole el favor de enseñarle un poco más sobre las "cosas del cielo", ya que necesitaba paz...

Tiago se ofreció a "analizar con él" las posibles dudas.

Clidenor hizo preguntas sobre la vida de Jesús, los Apóstoles y los Santos, mostrando especial interés por las particularidades de la "otra vida."

Con paciencia todas las dudas fueron aclaradas y fue en medio de ellas que Clidenor quiso saber:

– Por favor cuéntame algo sobre la curación y cómo los espíritus pueden ayudar a los heridos, en estado grave, casi muertos...

– Todos los seres encarnados tienen en realidad tres cuerpos distintos, aunque interpenetrados:

– El espíritu, que es la esencia divina con la que estábamos al servicio; el periespíritu, que envuelve al espíritu y le permite transitar en el mundo espiritual y simultáneamente adherirse al cuerpo material, cuando encarna; el cuerpo físico, que es el instrumento de las actividades terrenas, en cada reencarnación.

Después de una pequeña pausa, continuó:.

– Cuando el cuerpo físico presenta un desorden, una enfermedad, o lesión por herida o cirugía, en la mayoría de los casos esto se debe a la redención de deudas contraídas en acciones anteriores, generalmente en vidas pasadas. Naturalmente, estos problemas también pueden surgir como resultado de una falta de atención actual, que no tiene nada que ver con el pasado sino con el presente, donde la invigilancia culminó en la dificultad. En ambos casos; sin embargo, podemos identificar claramente que el origen del problema está en el espíritu, con reflejos en la mente, que es su mensajera, manifestándose finalmente en el cuerpo más denso, el material.

Clidenor escuchó atentamente, buscando una oportunidad para hacerle una pregunta crucial.

Tiago continuó:.

- Cualquiera sea el caso en que la persona esté sufriendo, la Doctrina Espírita ha demostrado cuánto puede ayudar, a través de pases. En efecto, el médium pasista dona sus propios fluidos magnéticos, los cuales, en simbiosis con los fluidos de la espiritualidad protectora, llegan al pensamiento del paciente, favoreciendo su recuperación o alivio. El Espiritismo recomienda que el paciente busque ayuda en la educación, ya que ésta está instalada en la Tierra gracias a la bondad del Padre y su alivio es el alivio de los problemas físicos...

Tiago interrumpió la aclaración, miró fijamente a Clidenor, buscando identificar el motivo de ese interés. De hecho, ya sabía lo que era. Luego continuó:

- Hay muchos casos en los que una persona está enferma espiritualmente; es decir, sus pensamientos, su conducta y sus reacciones, demuestran que su espíritu está lejos del bien. En estos casos, a veces el cuerpo también refleja este panorama íntimo, con síntomas patológicos. Allí el mejor tratamiento es la "terapia evangélica", o tratamiento mediante una reforma profunda, íntima, que acerca, en la medida de lo posible, las enseñanzas de Jesús a la vida cotidiana. Repito, siempre que exista una enfermedad, será prudente buscar ayuda médica del paciente.

Con sencillez, Tiago completó:

- No sé si mi respuesta te satisface. En cualquier caso; sin embargo, sugiero mucho estudio, porque el Espiritismo, aunque simple en sus enunciados, cuanto más se estudia, más revelaciones ofrece.

– Sí, Tiago, entendí tus explicaciones.

Y, con cautela, disimulando la intensa curiosidad que le embargaba:

– Respecto a los heridos graves: ¿ha habido alguna vez ayuda a través de un médium, fuera del cuerpo, actuando junto con otros espíritus?

Clidenor no sabía que Décio le había contado a Tiago del Cielo, al día siguiente, el sublime servicio que había recibido. Décio no pudo dar mayores explicaciones de lo ocurrido en las primeras horas de la mañana cuando recibió al equipo celeste de los angelinos. Aseguró a Tiago que, sintiéndose en el último momento de su vida, oró a Jesús, quien envió ángeles para la curación, que el propio médico de la prisión había ahuyentado.

Al escuchar la narración de Décio, Tiago no tuvo dudas que el maravilloso fenómeno había ocurrido en aquella Enfermería, en la que equipos de rescate, formados por espíritus protectores, respondieron a las oraciones, cuando hay méritos para concederlas.

Aunque la descripción hecha por Décio fue débil, fue suficiente para que Tiago dedujera que el equipo no solo estaba formado por espíritus desencarnados, sino también por un espíritu encarnado. Tal conclusión la sacó de lo sucedido, dado que como estudiante del Espiritismo y, casualmente, preparaba en aquellos días una conferencia doctrinaria sobre el "ectoplasma."

De hecho, Décio dijo:

– "El hombre de luz, que dirigía el grupo, tenía dos asistentes, también con luz, aunque más tenue; había un cuarto asistente, sujeto por una especie de hilo, débilmente iluminado, que salía de él y se alejaba... ; el ángel – el jefe usaba sus manos para recortar de las fosas nasales del que tenía el hilo, algo parecido al algodón de azúcar, de esos que se venden en carretas a los niños; cuando sus manos estuvieron llenas del algodón, lo pasó delicadamente sobre la hendidura afectada; el mal olor desapareció y también el dolor."

Al notar que Tiago lo escuchaba con interés, demostrando conocimiento de tales fenómenos, Décio decidió confiar en el carcelero, informándole que el espíritu encarnado que lo había ayudado era de un prisionero, de allí mismo: ¡Clidenor!

Para concluir, Décio repitió las últimas palabras de Augusto sobre el perdón.

A nadie más contó el "milagro." Pidió secreto.

Tiago pensó que era mejor que nadie más se enterara de lo sucedido. Clidenor era una figura respetada en aquel establecimiento penitenciario, respetado hasta el punto de complicarle la vida a cualquiera que lo molestara. Y todo lo que Décio le había dicho podría de alguna manera desestabilizar sus actividades de traficante, porque sus "clientes" podrían asustarse y dejar de buscarlo, acudiendo a otras fuentes, si fuera posible...

El médico oficial de la prisión, que atendió solo superficialmente al paciente, no pudo comprender cómo había cicatrizado la herida. Razonó: "todo fue solo un pretexto por parte del prisionero para intentar escapar..."

El relato de Décio, casi olvidado por Tiago, revivió su memoria. Recordó el insólito suceso, porque aunque había sido espírita durante muchos años, no era rutinario que los encarnados tratados de esa manera tuvieran plena conciencia, tal como Décio.

Cuando Décio comenzó la extraña narración, hace casi tres meses, había deducido que algún médium, Dios sabe dónde, había entrado en la prisión, en un viaje astral consciente, debidamente apoyado por los protectores espirituales de rescate. Y este médium desconocido ciertamente había donado ectoplasma, esa bendición que solo tienen los encarnados.

Escuchó, pacientemente, lo que Décio le decía. No intentó identificar a este donante, porque podría incluso estar en la otra mitad del mundo...

El nombre de Clidenor, que solo fue identificado al final, dejó a Tiago preocupado. Consideró que lo mejor era también permanecer en silencio, permaneciendo en oración, para su beneficio, como de tal mediumnidad, que si no se utiliza correctamente, genera muchas dificultades para el médium.

Al escuchar la pregunta concreta de Clidenor, le cruzó por la cabeza, como un relámpago, el pensamiento que tal hecho le llegaba para que se le aclarara al donante. Consideró que era su obligación hacerlo.

Él pensó:

– "¿Es casualidad que este chico me haga esta pregunta, si Décio y yo no le hemos dicho nada a nadie? ¡No! Esto no es una casualidad. Es una señal de los amigos espirituales de esta prisión."

En actitud de mucho respeto por las cosas de Dios y también por el hecho que, aunque imaginario, participaba en aquel proceso caritativo, también pensó:

– "Maestro Jesús: debo ayudar a este chico."

Todos estos pensamientos pasaron por Tiago en unos instantes. Clidenor no notó la sorpresa de su interlocutor, imaginando que los pocos segundos que permaneció en silencio los dedicó a buscar la respuesta, en su memoria.

Sopesando palabra por palabra, Tiago respondió:

– Todo esto que me preguntas es muy interesante y no sería posible, solo en una conversación como ésta, dar las aclaraciones necesarias. Busca conocer la Doctrina Espírita. Un buen comienzo será la lectura de los cinco libros básicos, del autor Allan Kardec, hombre muy inteligente, que entre 1857 y 1868, en Francia, codificó el Espiritismo.

Ese era Tiago: respondía honestamente lo que sabía, pero inducía a la gente a buscar, con su propio esfuerzo, mayores aclaraciones.

Respecto a la pregunta de Clidenor, agregó:

– Todos los espíritus encarnados tienen una energía propia del medio material. Este tipo de energía se llama ectoplasma; ya contamos con un diccionario que lo define como plasma psíquico, lo cual se aproxima al concepto espírita. En los círculos espíritas hay consenso en que es a través de él que se realizan todas las sesiones de materialización, que afortunadamente hoy son raras.

El interés de Clidenor era agudo:

– ¿Cómo funcionan estas sesiones? ¿Y por qué dices que son "afortunadamente" raras?

– Cuando un médium es capaz de proporcionar ectoplasma, generalmente en encuentros con efectos físicos, los espíritus protectores presentes manipulan esta emanación, que es casi material, situada entre la densidad del periespíritu y la del cuerpo físico. Esta forma de energía tiene varias propiedades, entre ellas la plasticidad, que permite a los colaboradores de la espiritualidad darle forma, ya sean personas u objetos.

Tiago, confiado, estaba siendo intuido por protectores espirituales invisibles, que vigilaban esa prisión y que habían estado tratando de establecer allí una sala de emergencia espiritual. Indispensable para aquellos bondadosos trabajadores del bien, la competencia de médiums capaces de integrarse en las tareas de rescate. Y, en la propia prisión, encontraron a Clidenor, quien, además de poder donar ectoplasma con fines terapéuticos, tenía la insólita mediumnidad de realizar viajes astrales.

De hecho, ya se había realizado un primer experimento, en el "caso Décio." La expectativa de los espíritus al mando del venerable Augusto era que Clidenor, luego de aquella notable noche, rehiciera su pantalla mental, abandonando por completo las drogas, el consumo ocasional y el tráfico permanente.

Lamentablemente; sin embargo, después de más de tres meses, Clidenor se había perdido en reflexiones negativas, ideando oscuros planes para utilizar y disfrutar de ese don y de esa mediumnidad...

Inspirado, Tiago continuó:

– Este tipo de reuniones son raras hoy en día, ya que se celebraban en una época en la que los hombres tenían dificultades para comprender las cosas espirituales. Si fueron multiplicadas en el pasado, ya no están justificadas, porque las cosas del espíritu no requieren pruebas materiales para su acción, sino solo servidores fieles, confiados en Dios.

En ese momento del diálogo, Clidenor sintió que sería irreversible cambiar en cualquier otro sentido, por lo que no le dio continuación al tema de la "curación." Por lo tanto, fue inflexible:

– Esta energía, el ectoplasma, tal como es, ¿puede usarse como medicina, por ejemplo, para curar infecciones resultantes de una cirugía?

Si Tiago tenía dudas, allí se disiparon: estaba frente al médium que había ayudado a Décio.

Sintiendo la responsabilidad de guiar las palabras y especialmente lo que podría resultar de ellas, pidió mentalmente ayuda a su ángel de la guarda, para que lo inspirara en su respuesta.

Y dijo:

– Hay casos que en reuniones mediúmnicas, según narración de médiums psíquicos, entidades espirituales instruyen a los asistentes a recolectar ectoplasma de ciertos médiums. Esta recolección está destinada a los espíritus vinculados a la Medicina espiritual, que la "metabolizan", añadiendo fluidos de la naturaleza, además de los propios, todo ello para la curación. Como hay espíritus desencarnados con el periespíritu bastante dañado, en algunos casos este "material" está destinado a ellos; sin embargo, normalmente el producto cosechado se aplica en la mayoría de los casos a personas encarnadas, gravemente enfermas y a menudo situadas a grandes distancias.

Continuó:

– Esta energía siempre ha despertado la curiosidad en los círculos científicos. De hecho, incluso ha sido objeto de estudios de laboratorio por parte de varios científicos, uno de los cuales logró recolectar algunas porciones de él, en reuniones mediúmnicas experimentales. Sometido a exámenes especializados, el ectoplasma resultó ser de naturaleza orgánica. Son tantos los beneficios que aporta que lo consideró una especie de "fertilizante invisible."

Cambiando la naturaleza de la respuesta, de científica a moral, Tiago continuó:

– El médium que dona dicha energía dona parte de su salud. Por tanto, es un benefactor, aunque su mente consciente muchas veces no se da cuenta de esta situación. El ectoplasma es expulsado del medio a través de orificios naturales, principalmente boca, oídos y fosas nasales; También es normal que los poros, el pecho e incluso las yemas de los dedos dejen escapar esta sustancia. Cuando los protectores espirituales necesitan esta emanación, para realizar alguna curación, hacen uso de médiums que están dispuestos a ayudar.

Aquí, el colofón de las dudas de Clidenor, quien simulando la mayor naturalidad preguntó:

– ¿Y cómo responden estos médiums al llamado?

– A menudo de forma inconsciente. Pero, sintonizados con el bien, los trabajadores del plano espiritual no tienen dificultades en recoger lo necesario, porque el encarnado, donante, lo facilita. Jesús, cuando recomendaba amar a nuestro prójimo como a nosotros mismos, se refería a la donación de nuestros tesoros, siendo el mayor de todos el amor que podemos donar.

Mirando profundamente a los ojos de Clidenor, Tiago concluyó:

– En algunos casos, una minoría de ellos, el propio médium, en espíritu, acude con el equipo de rescate al hospital, donde se realiza la transfusión directa. Esto sucede cuando el médium tiene la posibilidad de realizar una salida espiritual consciente de su cuerpo físico y en los casos en que la urgencia y severidad del cuidado lo requieran.

Intuido por el mensajero celestial, Tiago también dijo:

— Este tipo de salidas son sumamente peligrosas si no cuentan con el apoyo de espíritus amigos. Los médiums que aun no hayan logrado una relativa emancipación de las dificultades terrenales no deberían intentar este tipo de viaje, ya que inevitablemente ocurrirá un desastre.

A modo de advertencia, añadió:

— Abandonar el cuerpo conscientemente expone al espíritu a grandes peligros, ya que entidades infelices, siempre al acecho, pueden perturbar el metabolismo psicofísico del médium, que solo los equipos espirituales amigos son capaces de mantener en equilibrio. De hecho, estos viajes astrales solo ocurren cuando su naturaleza es ayudar a los necesitados.

Como adivinando el pensamiento de Clidenor, Tiago creyó útil añadir:

— Los primeros viajes, de alguna manera, representan pruebas, con el fin de verificar la reacción mental del médium. Los pensamientos negativos sobre lo sucedido impedirán que estas experiencias continúen. Cuando el médium logra controlar sus pensamientos, centrándolos únicamente en el amor a los demás, pasa a formar parte de un equipo de rescate permanente, actuando en tareas de ayuda.

Clidenor esperaba todo menos la pregunta incisiva que Tiago luego le dirigió:

— Sé por qué me preguntaste todo esto: te pasó a ti y tu curiosidad es natural. Contéstame, sin miedo: desde que visitaste a Décio, en la Enfermería, hace más o menos tres meses, ¿no han vuelto a ocurrir hechos similares?

— ¡¿Cómo te enteraste?!

La pregunta contenía la respuesta, afirmativa.

– Décio vino a mí, asombrado de haber sido ayudado "en el momento de la muerte" por un equipo formado por "hombres de luz", como él decía. A petición suya, lo mantuvimos en secreto, sobre todo porque me dijo que había un espíritu diferente en el equipo, como atrapado por un hilo de luz pálida, lechosa, que salía de su abdomen, alejándose, muy lejos…

Disolviendo las dudas de Clidenor, Tiago añadió:

– El espíritu diferente, que donó "una especie de algodón de azúcar" que se aplicó en la herida curándola casi al instante, era uno de los reclusos de la prisión - ¡tú! Temiendo que se volviera loco o incluso que te enfadaras y le hicieras algún daño, suplicó que guardara secreto. Permanecí en silencio, pero ahora sabemos, tú y yo, que nunca podrías causarle ningún daño a la misma persona a la que ayudaste.

Las obligaciones de Tiago le obligaron a interrumpir aquel precioso diálogo.

Al despedirse de Clidenor, advirtió una vez más:

– De todo, lo más importante es que estés siendo observado por espíritus amigos. Confía en Jesús y en ellos. Cuando llegue el momento de vivir una nueva experiencia, serás llamado. No provoques el hecho, como ocurre naturalmente, cuando llega a ser oportuno. No te pierdas en aventuras, ni te dejes llevar por la curiosidad. Viajes como estos, con objetivos ocultos, no tienen escapatoria: los resultados seguramente serán confusos.

Paternal y al mismo tiempo severo, concluyó:

– Incluso con buenos propósitos, la protección divina es fundamental para cualquier viaje astral, representada por la seguridad que solo las buenas entidades pueden brindar. Hablaremos de esto nuevamente. ¡Ve con Dios!

Higueras Secas

Desde que habló con Tiago sobre el fantástico "recorrido astral", Clidenor no había dejado de pensar en cómo podría volver a hacerlo.

De hecho, no quería simplemente repetir la experiencia: quería, a través de ella, ejecutar un plan increíble que había formulado: dar rienda suelta a su deseo incontrolable por Letícia.

El plan era visitarla, en espíritu, cuando no hubiera muros que lo detuvieran; sería invisible y libre para seguirla dondequiera que fuera; entonces, con solo verla, en privado, imaginó que el fuego que lo consumía se atenuaría parcialmente. Si era posible, cuando ella dormía, él tomaría su espíritu para ver cuál sería el resultado.

Así como recordaba todas las emociones y sensaciones vividas al ayudar a Décio, tal vez podría lograr "en el otro mundo", lo que era imposible en éste, aunque sin salir de él; es decir, "sin morir."

Sabía que su plan no tenía base en la realidad. Nunca había soñado que cosas como esta fueran viables.

Pero el recuerdo de los cuidados de Décio, literalmente confirmado por Tiago, le dio esperanzas de éxito. Ignoraba que, a tiempo completo, día y noche, era aconsejado negativamente por los dos espíritus que para él eran figuras de la pesadilla repetida cada noche desde entonces.

Ejerciendo influencia mental sobre sus pensamientos, le inculcaron visiones de escenas sensuales, en las que Letícia participaba activamente. Consiguieron fácilmente su intención porque Clidenor estaba sintonizado exactamente a ese nivel.

Clidenor, como la mayoría de las víctimas de la obsesión, ni siquiera sospechaba de tales "consejos." Al contrario: estaba orgulloso de sus "poderes" y miraba con desprecio a todos sus compañeros de prisión e incluso a los que no estaban.

Durante el día cumplía el papel infernal de intermediación del narcotráfico dentro de aquella gran prisión; por las noches, sumergía sus pensamientos en espejismos espeluznantes que su libido, imperiosamente, creaba junto a su espíritu.

Era muy respetado. Primero, porque tenía dinero y protección "externa"; segundo, porque tenía la droga, cuyo precio distribuía a voluntad; tercero, porque su inteligencia y personalidad lo convertían en un líder natural.

Estaba tomando Sol, práctica diaria, cuando sucedió algo trascendental: Décio, que siempre lo había evitado, y que, al mismo tiempo, también había sido evitado por él, sin poder resistir un impulso de agradecimiento, se acercó y le besó las manos.

Los presentes disimularon su testimonio, sobre todo porque, dentro de una prisión, no es prudente prestar atención a las personas o a los hechos en particular.

Inflexible en su orgullo, Clidenor preguntó:

– ¿Qué es lo qué quieres?

Levantándose la camisa, que dejaba al descubierto una gran cicatriz abdominal, Décio empezó a hablar:

- Te pido que me perdones, pero ya no puedo posponer un deber. Necesito agradecerte por ayudarme esa noche, cuando mi cirugía fue...

Clidenor consideró oportuno acortar el tema:

- No me agradezcas, porque no hice nada por ti. ¿Estás loco? ¿Cómo podría ayudarlo si no soy médico y paso todas las noches tras las rejas?

Y amenazante:

- No me vuelvas a hablar de estas cosas. ¡Nunca más!

Por dentro estaba eufórico: ¡así que realmente tenía este "gran poder"!

Semanas seguidas pensó una y otra vez:

- "Tenía un don, como dijo Tiago, que muy pocas personas tienen. Y, si fuera suyo, lo usaría al máximo, para su propio beneficio. Después que Letícia fuera suya, decidiría si valía la pena conservarlo, subyugada eso lo decidiría más tarde, de hecho, quién sabe, podría ir a otros lugares, tener otras mujeres...?"

Es lo que pensaba.

Con la mente ebria de tan desafortunadas ideas, decidió que ya no perdería más el tiempo. Estaba convencido que necesitaba actuar, ya que la vida no es para los débiles, los indecisos y mucho menos para los débiles.

- "Entre los fuertes, soy quizás el más..." - pensó mientras se recostaba, confiado en que sería capaz de hacer que su espíritu se desdoblara, si tuviera la energía suficiente para cristalizar tal pensamiento.

Así actuó.

Frenéticamente, repasó en su mente todos los momentos que precedieron a su primera experiencia de abandono consciente de su cuerpo físico.

Pasaron varias noches, en las que se repitieron los intentos, sin que sucediera nada. De hecho, en todos estos intentos solo había logrado debilitar su cuerpo, provocando que se sintiera mareado. Dos veces Tiago había tomado la iniciativa de restablecer el diálogo sobre puntos de la Doctrina Espírita, pero Clidenor decidió no hacerlo, culpándose a sí mismo, lo evitó.

Sin saberlo, tal fue el apoyo caritativo que los espíritus le brindaron y que él rechazó.

Durante dos meses, cada noche concentró sus fuerzas en la posibilidad de un viaje astral.

Pero nada.

No se rindió, a pesar del tormento, la angustia y los mareos que empezaron a acompañarlo.

Su salud era bastante mala, necesitando tomar varios medicamentos para dormir, pero aun no había abandonado la idea del malvado plan.

Una noche se despertó sobresaltado.

Estaba bañado en sudor.

Miró a su compañero de celda, pero éste dormía plácidamente, como siempre, por cierto.

Se levantó, caminó alrededor de la celda, miró parte del gran corredor que pudo ver. Sin movimiento. No había nadie a la vista.

Solo la penumbra de la prisión a esa hora.

Volvió a la cama.

Estaba medio dormido cuando oyó:

– Clidenor, Clidenor...

Estaba asustado: voces, de nuevo, dentro de su cabeza. Recordando lo poco que sabía sobre mediumnidad, se reequilibró y también mentalmente respondió:

– ¿Quién me llama?

– Somos amigos...

– ¿Que quieren?

– Invitarte a caminar...

Clidenor sintió que un extraño escalofrío lo invadía, como una descarga eléctrica, que recorrió todos sus nervios, excitándolo casi sin control.

– ¿Qué tengo que hacer?

– Tú sabes...

– No, no lo sé.

– Vuelve a dormir y solo piensa en ella...

El silencio en el pabellón de la prisión fue total. Estaba seguro de haber oído voces.

Y las voces no eran fanfarronadas, como aludían a "ella"; solo podrían estar refiriéndose a Letícia...

No fue su abuela. Estaba seguro de eso.

– "¿Quién sería entonces?"

Temeroso, ya que nunca había tenido un desafío así ante él, meditaba sobre todos los acontecimientos de su vida, especialmente sobre esa forma de libertad que solo él, entre tantos prisioneros, podía tener...

El deseo de libertad, más lo innegable y destructivo, el deseo por Letícia, le dio energía suficiente para afrontar el terrible desafío.

Quería salir de la cárcel.

Quería ver a Letícia y que ella fuera suya. Centró sus pensamientos en esa mujer, repeliendo vagos recuerdos que le vinieron, relacionados con las advertencias de Tiago.

No sabía dónde vivía.

No tenía idea de cómo encontrarla. Pero, por supuesto, las voces lo sabían...

Él iría con ellos.

Acercándose a Letícia estaba la pantalla mental que se congeló en su cerebro.

Sin darse cuenta que ya estaba dormido, tuvo la clara sensación que no estaba solo en la celda...

Además de Joaquim, había más gente.

Un gran miedo lo visitó por dentro, sintiendo falta de aire y su corazón acelerado.

Tenía miedo, mucho miedo.

– "Pero, ¿de qué?"

Comenzó a lamentar esa imprudencia. Era mejor parar.

Sin embargo, al darse cuenta que estaba "dejando su cuerpo", razonó que a estas alturas del proceso regresar era una cobardía, y que tal vez no tendría otra oportunidad.

– "¿Cómo puedo volver atrás ahora, cuando las cosas están empezando a suceder como lo había planeado?"

La decisión de Clidenor fue grande y su armonía con los espíritus infelices fue aun mayor.

Ya no había posibilidad de detener los hechos.

¡La situación era irreversible!

La caridad divina está siempre al lado de los hijos de Dios, protegiéndolos contra las vicisitudes y los ataques negativos del mal. La conciencia de cada ser es un verdadero aviso cuando actúa equivocadamente, en contra de las Leyes Morales. Pero, si el individuo inevitablemente "apaga" este maravilloso dispositivo espiritual, no hay manera de ser ayudado, pues los mensajeros cristianos son quienes más respetan el libre albedrío de cada persona. En este caso, Clidenor podría haber contado con la ayuda de Augusto y sus asistentes. Pero, dada su obstinación, demostraba que los llamamientos que se le hicieron para que abandonara un proyecto tan negativo no tuvieron éxito.

Su cuerpo no tenía peso, pues levitaba a solo unos centímetros del "doble" dormido, según pudo comprobar.

- "¿O era este el 'duplicado' flotando en el aire? Sí: es mi espíritu el que se va..."

Se sentía balanceándose de izquierda a derecha, siempre flotando.

Miedo de nuevo.

Quería volver al refugio de su cuerpo, que, tranquilo, con los ojos cerrados, tanta seguridad le ofrecía.

Sintió que regresaba lentamente a la matriz.

En esto, unas manos vigorosas lo detuvieron.

Intentó identificar quién lo retenía, pero no pudo.

Desesperado, gritó:

- ¡Suéltame!

Las manos ahora lo sujetaban con más fuerza. Tenía la impresión que unas manos poderosas, como tenazas, lo sujetaban y que nunca se liberaría de aquellas verdaderas garras.

Entonces escuchó:

- ¡Bueno, bueno...!

Me alegra que hayas aceptado nuestra invitación.

Las voces eran las mismas que le hablaran hacía un momento y eran las de dos hombres vestidos de negro...

Se encontró cara a cara con personajes de tantas pesadillas, que se repetían.

Solo en espíritu. Y ese no era su mundo... Tímido, casi humilde, tartamudeó:

– ¿Quiénes son ustedes?

– No intentes identificarnos. Digamos que nuestros intereses son los mismos.

– ¿Qué intereses?

– No juegues inteligentemente con nosotros. Sabemos todo lo que quieres, de hecho, quieres lo que nosotros queremos que quieras. Coopera y no te pasará nada.

Amenazas: nunca se había quedado callado ante ninguna.

Pero allí, estando en el "otro mundo", supo que no había nada que pudiera hacer. Estaba aterrado.

Uno de los espíritus infelices continuó:

– Ahora, no actúes ingenuamente. La droga que tanto usas aquí la hemos consumido nosotros también... y más gente.

– Por... ¿muertos?

– Qué tonto eres. Entonces, ¿por qué crees que los adictos quieren cada vez más? ¡Tonto! Es para pagar nuestra parte. Y no somos pocos...

– ¿Pagar?

– Claro: ¿cómo crees que existen tantas facilidades para el ingreso y distribución de la coca?[3] ¿Cómo es que nunca pensaste que no hay problemas en tu trabajo y que todos te respetan y te buscan? ¿Cómo sucede todo esto, idiota?

Y él mismo respondiendo:

– Es por nuestra culpa, que operamos día y noche en la cabeza de aquellos que pueden interponerse en tu camino, volviéndolos locos; y, para facilitarle la tarea, fuimos nosotros quienes llevamos a tu presencia a muchos "clientes", muchos de los cuales ni siquiera lo pensaban...

Clidenor quedó impresionado: la realidad, comprobada precisamente en ese mundo "irreal", le demostró que todo su negocio como narcotraficante estaba gestionado por fantásticos e invisibles poderes.

Se quedó helado al pensar:

– "Los muertos tienen más poderes que los vivos..."

Con brusquedad, uno de los espíritus ordenó:

– Ponte de pie.

Solo entonces Clidenor se dio cuenta que todavía estaba en posición horizontal, absolutamente indefenso.

Presionado por las tenazas que lo sujetaban, se vio obligado a cambiar de posición, hasta quedar vertical, sintiendo el suelo.

– Camina un poco...

Como un autómata, tal era su estupor, obedeció. Dio unos pasos hacia el interior de la celda, hacia los barrotes. Recordó la experiencia con Augusto y asistentes. En aquella

---

[3] N.E. Apodo de la cocaína entre los adictos a la cocaína.

ocasión había logrado cruzar los barrotes, pero con el apoyo de unas manos que lo sostenían.

Él pensó:

– "Qué diferencia con la situación actual, cuando incluso estaba herido, tal era la fuerza de las manos que lo sujetaban por la muñeca."

En un movimiento de gran audacia, en medio de la confusión mental que vivía, intentó cruzar los barrotes, liberándose de las ataduras.

No lo consiguió.

Registró dolor en todo su cuerpo, o mejor dicho, "en el duplicado" de su cuerpo. Los dos espíritus se rieron:

– Idiota: haz lo que te digamos. Si no obedeces, pueden pasar cosas graves...

La advertencia fue la misma que había dado Tiago.

– ¿Qué debo hacer?

– ¡Qué hipócrita eres! Sabes muy bien lo que quieres y a dónde ir. No seas insolente. Está a nuestro cuidado y bajo nuestra voluntad. ¡Obedece!

– "¡Letícia!" - pensó Clidenor.

– Sí, ella misma... Vamos, que la conversación ya es demasiado.

Con más presión, las manos lo empujaron contra los barrotes. Entonces empezaron a suceder cosas extrañas: empezó a oler un olor insoportable, procedente de unas espirales de humo que involucraba a los dos espíritus.

Aturdido por aquel olor, comenzó a tener visiones: identificó a los dos espíritus: eran sus compañeros, desde hace mucho tiempo... ¿Hacía cuánto tiempo? Siglos, tal vez... ¿Cómo fue posible?

Habían hecho negocios de armas con él, en un desierto... por eso iban vestidos de negro, ya que ahora los veía como tuaregs - nómadas que, en el Sahara, eran reprimidos por los árabes -, él mismo, Clidenor, era un tuareg: vestido de negro, turbante incluido, tenía un gran puñal en la cintura, que usaba sin piedad...

Reuniendo todas las fuerzas posibles, preguntó:

– ¿Por qué vinieron a mí? ·

– Porque tenemos conexiones fuertes, asuntos pendientes...

Y, brutalmente dijo:

– Ahora vayamos inmediatamente a su casa.

Sin poder detenerlo, fue empujado contra los barrotes, logrando cruzarlos, pero sintiendo como si su cuerpo fuera destrozado por enormes guillotinas paralelas. Además, tenía la impresión que las barras estaban pegajosas, dejando residuos en su cuerpo. Luego su visión se volvió borrosa. De alguna manera, era consciente que se movía porque sentía la suavidad de la brisa. Sus manos no se soltaban. Perdió la sensación de espacio.

Sin poder razonar adecuadamente, al ver la figura de Letícia en su mente, pensó que tal vez todo era otra pesadilla, que en realidad no estaba sucediendo y que pronto despertaría.

El movimiento se detuvo.

Sin darse cuenta de los hechos y menos de lo que vio, identificó que era de noche y que los tres estaban parados junto al portón de entrada de una casa.

Aturdido, gritó:

– ¡Letícia!

De alguna manera supo que aquella era la casa de Letícia, la mujer que tanto codiciaba. Nadie había dicho eso y; sin embargo, era una certeza absoluta.

Los dos espíritus confirmaron:

– Sí, es su casa.

Con una expresión terrible, mezclando codicia por lo que lo había dentro de la casa y con desprecio por Clidenor, a quien mantenían preso, hablaban con timbre oscuro:

– Entremos y disfrutemos...

– ¡Solo yo entro!

Apenas hubo dicho esas palabras cuando Clidenor recibió un tremendo golpe, con las tenazas apretando su cuello, estrangulándolo.

– ¡Nunca más discutas nuestras órdenes! Si desobedeces o intentas conquistar a la mujer solo, será tu fin. Por ella nos volvimos miserables, cosa que ni el mismo infierno aceptó. Nos unimos, estamos juntos y juntos haremos lo que queramos. Solo tienes que obedecer.

Clidenor pensó que sus pulmones iban a explotar, ya que no entraban aire y las manos apretaban su cuello con más fuerza.

No podía respirar, ni por la boca ni por la nariz. Al pensar en la nariz, recordó que en la Enfermería, cuando ayudaba a Décio, de sus fosas nasales salía esa sustancia que, según Tiago, era de gran poder.

Ni siquiera pensó en el ectoplasma y una gran porción, como un trago, salió de su boca, oídos y narices, alcanzando a los dos espíritus que lo asfixiaban.

La presión cesó bruscamente, y los atacantes, como bestias hambrientas ante trozos de carne, buscaron con avidez devorar la mayor cantidad posible de esa "gelatina", que para ellos era un gran fortificante.

Clidenor, al ver el resultado, logró reponerse de su angustia. Recordó a Tiago y sus consejos sobre la ayuda de los espíritus amigos. Y pensó:

– "Solo ellos pueden salvarme ahora. En el nombre de Dios, ayúdenme."

Inmediatamente vio que los dos tuaregs no podían mantenerse en pie y estaban perdiendo el conocimiento.

Feliz con el resultado, se dio cuenta que estaba solo, libre, tan cerca de Letícia...

Decidió hacer lo que había venido a hacer. Quería entrar a la casa.

Algo invisible, como si se tratara de una valla magnética, le impedía atravesar el portón.

Al tocar esta valla invisible y fluidica, comenzó a perder el conocimiento.

Como si hubiera recibido un terrible golpe en la cabeza, además de un cuchillo afilado en el corazón, sintió un dolor insoportable. Se tambaleó, como sus compañeros de tantos crímenes, cayendo sobre ellos.

No hay palabras para describir el pánico que lo invadió al caer, al ver que los bandidos que lo habían estado siguiendo durante tanto tiempo

Con el tiempo, sus rasgos y vestimenta habían cambiado: ahora eran los dos hermanos que habían secuestrado a Letícia, junto con él...

Entonces tuvo la impresión que estaba cayendo de un avión durante un vuelo nocturno, ya que la caída fue vertiginosa, en el espacio oscuro. Cayendo, cayendo, cayendo...

Se despertó con dolor en la cabeza y el pecho. Estaba en su celda.

Paradójicamente, la prisión, en ese momento, representaba para él la libertad.

Antes de perder el conocimiento, el dolor que sentía era tan fuerte que pensó que se estaba muriendo, ya que una gran cantidad de sangre salía de sus fosas nasales y boca.

Rocío Congelado en el Alma

El despertar de Clidenor fue abrupto, violento. Se dio cuenta que sangraba profusamente por la nariz.

Los ojos parecían como si hubieran sido golpeados con ácido, tal era el dolor. No pudo mantenerlos abiertos. Cerrados también le dolían mucho, desesperadamente.

No era solo eso; las orejas, ardiendo internamente, como si las hubieran pinchado con agujas al rojo vivo.

Estaba sudando mucho, aunque la hierba fuera de la prisión mostraba que había hecho escarcha esa noche...

Quería hacer algo, llamar a su compañero, Joaquim, para que lo ayudara. Pero no pudo porque se desmayó.

El reloj del pasillo central del pabellón marcaba las 4:41 a.m.

El amanecer, como de costumbre, sonó a las cinco en punto.

Joaquim se estiró y tardó unos tres minutos en levantarse, ya que el frío era intenso.

Cuando se levantó, miró hacia la cama de Clidenor y se llevó un gran susto. El compañero estaba en una posición extraña, inmóvil. Se acercó, al mismo tiempo servicial y cauteloso.

Esta fue la primera vez que Clidenor no se levantó inmediatamente, tan pronto como sonó la sirena.

Vio sangre corriendo por sus fosas nasales, ya que había empapado su camisa, parte de la almohada y la sábana.

Puso sus manos sobre el hombro de Clidenor y lo llamó, varias veces, sin respuesta.

Aterrado, seguro que su compañero de celda estaba muerto, saltó a los barrotes y llamó al carcelero.

En el bullicio matutino, con todas las celdas en movimiento natural tras despertarse, el carcelero tardó en contestar, sobre todo porque él mismo estaba somnoliento. Comprobando el problema, fuera de la celda, llamó a dos guardias y juntos entraron.

A Joaquim le ordenaron que se parara en la pared opuesta, de espaldas, con las manos levantadas y apoyadas en la pared.

Los tres carceleros, con solo mirar a Clidenor, sin tocarlo, realmente consideraron que el prisionero estaba muerto o en mal estado, al borde de la muerte. Se llamó a un enfermero, examinó al prisionero y con cierta dificultad encontró que tenía latidos muy débiles. En el fondo pensó que la muerte se acercaba...

Llevado a la enfermería, Clidenor solo fue examinado por el médico alrededor de las ocho de la mañana, cuando llegó.

Fue atendido con los recursos disponibles, y se ordenó al enfermero que vigilara al prisionero, comprobando reacciones improbables... o ausencia total de las mismas, en aproximadamente dos horas: muerte.

Diagnóstico médico: rotura de arterias del corazón, provocada por congestión en la circulación sanguínea, provocando sangrado por los orificios naturales superiores.

Diagnóstico espiritual: desestabilización entre el periespíritu y el cuerpo físico, salida astral provocada imprudentemente, con fines oscuros, dañando gravemente el divino equilibrio natural del metabolismo y de los sistemas orgánicos vegetativos.

Cincuenta minutos después de tomar la medicación, Clidenor se despertó parcialmente. Con dificultad abrió los ojos y balbuceó al enfermero que lo miraba con aprensión:

– Llama... a Tiago... del Cielo...

Ignoraba que Tiago del Cielo ya no trabajaba allí. Finalizada la Carrera de Derecho, fue trasladado a una Sección del Tribunal de Jurados, por invitación de un Juez, su profesor en la Facultad, en calidad de pasante.

De hecho, cuando Tiago quiso despedirse de Clidenor, no fue recibido. Enfurecido, tuvo que dimitir de las funciones que presidía sin volver a conversar sobre los fenómenos mediúmnicos tan importantes que le sucedían.

* * *

Pero una vez más es necesario repetir: las bendiciones del Altísimo están siempre dispuestas a responder, generosamente, a quien las pide de corazón. Muchos necesitados ni siquiera necesitan pedirlos en oraciones, habiéndolos ya recibido, puesto que la Ley de Justicia opera en estricta observancia del mérito individual.

Hay más sobre la misericordia infinita de Dios: en los momentos más agudos de las crisis, ya sean espirituales o físicas, Él ha descubierto los mecanismos a operar para ayudar a quienes, invigilantes, las provocaron. En este caso, no se trata de una injusticia que beneficie a un réprobo aparentemente indigno. Esto ocurre porque el destino de todas las almas es la evolución, y no es posible que el espíritu se desintegre en el mal, como el cuerpo de una persona que se arroja por un precipicio muy alto.

Así, cuando el error alcanza el límite permitido por la elasticidad del libre albedrío, se detiene.

La residencia de Letícia se sustentaba en los fluidos benéficos que ella y su madre cultivaban, a través de sus pensamientos y acciones.

Tales fluidos constituían una barrera insuperable tanto para Clidenor como para sus compañeros de crímenes espirituales. La tarea protectora en aquella casa se vio enormemente facilitada por el hecho que realizaban, asiduamente y puntualmente, el culto del Evangelio en el Hogar, una vez a la semana.

Esta feliz actividad se sugirió a todas las personas que acudieron a ese Centro Espírita. Como Ángela estaba prácticamente curada allí, se había convertido en una frecuentadora habitual. Siempre que era posible, llevaba a su hija como compañía. Comenzando a estudiar metódicamente la Doctrina de los Espíritus, se convirtió al Espiritismo.

En poco tiempo, Letícia también se hizo espírita.

Al no tener tiempo para asistir a reuniones doctrinarias, debido a los estudios universitarios que estaba realizando, asistía menos que su madre.

Con la cabeza de familia en prisión, las dos mujeres solo encontraron consuelo moral en la oración.

Siempre evitaban todas y cada una de las reuniones sociales, por vergüenza.

Comprendieron, a través de los postulados de la reencarnación, que su dura experiencia actual solo podía tener orígenes remotos, en vidas pasadas.

Quizás hubieran hecho que las familias pasaran por lo que ellos estaban pasando.

Quizás hubieran compartido con el mismo Salesio de hoy responsabilidades por acciones equivocadas, frente a la moral cristiana. Ciertamente; sin embargo, no existía la más mínima posibilidad de injusticia, ni de la vida, ni del destino, mucho menos de Dios, respecto al sufrimiento que las afectaba: la amargura de hoy, no fueron nada más que un rescate, un bendito rescate.

Esta comprensión, en sí misma, era ya un gran consuelo y bálsamo.

Este era el clima espiritual de aquel hogar, donde, en ausencia de revueltas, había paz y respeto por las cosas de Dios.

Salesio nunca regresó al Centro Espírita.

Sospechaba que algún espía estaba involucrado en sus negocios y a la vez en las actividades religiosas de aquel lugar.

El mensaje espiritual de su padre no fue suficiente para convencerlo de la comunicabilidad entre los mundos espiritual y material. En su cerebro, ocupado enteramente en especulaciones deshonestas, solo había lugar para maquinaciones perversas. Así, por inferencia, imaginó que la forma en que sus enemigos eligieron llevarlo a prisión también era criminal.

En prisión, siempre pensaba en vengarse de "los cobardes que, aprovechando la enfermedad de su mujer, habían destrozado su vida."

Por lo tanto, aquel Centro Espírita no era bien visto por él. Como narcotraficante, aunque de menor importancia que Clidenor, allí mismo ya había mucho de qué preocuparse; de hecho, el dinero ya no era su principal objetivo, sino la venganza: contra Clidenor y los traidores, culpables de su arresto.

Todos los días, tomando un café, Ángela y Letícia rezaban por su padre y por los demás reeducados en esa prisión.

La mañana después del desafortunado intento de Clidenor de invadir la intimidad de aquel hogar, para realizar allí imprevisibles cosas ignominiosas, Letícia le contó a su madre que había tenido una terrible pesadilla: su casa estaba siendo acechada por tres violentos y crueles secuestradores.

Lo más increíble de la pesadilla fue que los protagonistas eran los mismos que la habían secuestrado cuando era niña. Pero ahora, estaba íntimamente segura que no querían dinero, sino torturarla sexualmente.

Temblando, pidió a su madre que orara por ellos: por los espíritus de los dos hermanos y por Clidenor, recluido en la misma prisión que su padre.

Como resultado, los espíritus de los dos hermanos, que estaban borrachos y deambulaban, fueron trasladados por equipos espirituales especializados en mantener el orden moral, a regiones en sintonía con ellos.

Responder a las oraciones de Ángela y Letícia, en cuanto a Clidenor, tuvo otro resultado: el mensaje espiritual de ayuda llegó instantáneamente al espíritu Augusto, que tenía allí su puesto de trabajo, en el que fue asesorado por dos compañeros espirituales, los mismos que le habían brindado seguridad a Clidenor, durante su primer y único viaje astral autorizado por los planos más elevados de la espiritualidad. Actuando sobre el cerebro del enfermero, Augusto le hizo creer que la muerte de Clidenor era inminente. No queriendo presenciarlo solo, salió apresuradamente en busca del médico, que se suponía que estaba en la sala de juntas o visitando a un paciente "importante." Estaba buscando al médico cuando, para su sorpresa, vio a Tiago del Cielo dirigiéndose hacia la salida. El ex guardia de prisión había venido a recoger un documento relativo a un caso que estaba tramitando.

El encuentro de ambos se produjo por una "feliz casualidad", como tantas que ocurren a diario, en todas partes del mundo. De hecho, uno y otro fueron inconscientemente inducidos a tomar ese camino, en ese momento, para que se produjera el "encuentro casual." Augusto, más experimentado, había actuado junto al enfermero. Sus asistentes, junto con Tiago, se intercambiaban fácilmente, aunque también de forma inconsciente.

- ¡Tiago ! - Exclamó el enfermero.

- ¡Pedro!

Los dos amigos y ex compañeros de trabajo de esa prisión se abrazaron.

- Es bueno que estés aquí. Hay un problema grave y creo que podrías ayudar. Lamento abusar de tu amabilidad, sé que ya no perteneces a nuestro personal, pero tu nombre fue pronunciado por un moribundo...

- ¿Cómo asó?

- Hay un preso, Clidenor, que está agonizando allí en la Enfermería. Si aun no ha muerto, no pasará mucho tiempo. Salí a buscar al médico, pero cuando te vi decidí pedirte ayuda, ya que te llamó por tu nombre.

- Vamos entonces...

Al entrar en la Enfermería, Tiago quedó impactado por lo que vio: aquel joven, que sabía era traficante de drogas y a la vez dotado de un gran potencial mediúmnico, estaba verdaderamente muriendo.

Clidenor no daba señales de vida, aunque jadeaba.

Tiago le tomó las manos...

Intuitivamente se dio cuenta que el proceso que lo victimizó era de naturaleza espiritual. Comprendió, a través de la armonía mental con su entorno Augusto, también presente, que la causa era una grave falta de respeto a las leyes divinas.

- Falta de respeto gravísima - enfatizó Augusto quien, telepáticamente, envió el siguiente mensaje:

- Intentó desconectarse de su cuerpo, con fines maliciosos, habiendo sido ayudado por dos compañeros con faltas acumuladas, en un pasado lejano y también en esta vida..."

Tiago recordó el proceso judicial de Clidenor, al que tuvo acceso: detenido por segunda vez, tras haber sido condenado por participar en un secuestro, junto con dos cómplices, que fueron abatidos por la Policía.

- Así que fue eso: los dos compañeros espirituales debieron ser los mismos que habían llevado a cabo el secuestro de la hija de Salesio, años atrás...

A Tiago no le resultó difícil deducir el resto, dado su conocimiento de casos espirituales de obsesión, vistos en el Centro Espírita que frecuentaba:

- Debió haber intentado un escape espiritual consciente, siendo ayudado por sus dos antiguos socios en el crimen y de alguna manera esto causó un grave desorden en su cuerpo.

Intuido por Augusto, concluyó su pensamiento con la verdad:

- Si quiso irse debió ir... ¡Dios mío! Debió ir a casa de la hija de Salesio, única visita que recibió en los años que está aquí...

Sí, probablemente debió ser eso. El caso es que, como no debió lograr su intento, regresó a su cuerpo de forma traumática, casi rompiendo su cordón de plata.

Comenzó una oración:

– ¡Jesús mío! El periespíritu también debe estar muy herido... y, si el periespíritu está herido, esto se refleja en el cuerpo; la hemorragia y la condición que lo aqueja, tal vez resulten de la falta de adaptación de uno al otro.

Concluyó la oración y sus acertados pensamientos, que en gran medida fueron intuidos por Augusto:

– Maestro del Amor: solo Tú, Señor, podrás revertir la tristeza que envolvió a nuestro hermano Clidenor. Solo Tú, Señor, podrás impedir su desencarnación, en condiciones tan críticas. En nombre del amor, que Tu Excelente espíritu ha derramado tanto por la Humanidad, pido que, si Dios quiere, Clidenor tenga posibilidades de recuperarse.

El enfermero Pedro no entendía por qué Tiago había estado sollozando desde que soltó las manos del prisionero, comenzando a masajearle el pecho y la cabeza.

Tampoco entendía cómo él mismo estaba tan conmovido, hasta el punto que las lágrimas brotaban de sus ojos, que hacía tiempo que su profesión se había endurecido ante la muerte...

Augusto y sus dos compañeros, también emocionados hasta las lágrimas, hicieron brillar ese ambiente en tonos multicolores, aunque los encarnados no lo notaron.

Sobre la cabeza de Clidenor, una luz vino desde arriba, extendiéndose por todo su cuerpo, desde su cabeza, deteniéndose en su pecho y cubriendo toda su estructura física. ¡El sangrado se detuvo!

Los latidos del corazón volvieron gradualmente a la normalidad.

Una vez que el pulso se estabilizó, fue noticia que el corazón también había normalizado la circulación sanguínea.

Los rasgos, hasta entonces congestionados por el dolor, se calmaron, permitiendo recuperar la conciencia.

Otros dos internos, llevados a la Enfermería, nunca hubieran podido adivinar que habían colaborado en aquel proceso de curación, ya que, por gracia divina, les habían quitado porciones de energía vital a favor de Clidenor; sumadas a las de Tiago y Pedro, también donantes de esa vitalidad, las sustancias fueron manipuladas por Augusto, resultando en la "milagrosa" recuperación.

Tan pronto como Clidenor abrió los ojos vio a Tiago. No dije una palabra.

Ni siquiera era necesario.

Antes de hundirse en un sueño profundo y reparador, sus ojos, hablando el lenguaje de la gratitud, gritaban alegremente:

– ¡Dios te bendiga!

Una semana después, Clidenor fue dado de alta y regresó a su celda. Estaba delgado, tenía profundas ojeras y un rostro humillado.

En la memoria estaban vívidos todos los acontecimientos del fatídico viaje astral.

Tiago del Cielo, durante esa semana, había venido a la prisión todos los días, con el pretexto de algún asunto profesional, pero, en realidad, para dar pases al imprudente médium. En estas ocasiones buscó aclarar, lo más posible, las responsabilidades que todos tenemos, ante Dios y ante el prójimo.

Después de una semana, Tiago fue directo:

– Clidenor: Sé desde hace mucho tiempo que tienes negocios turbios aquí. No soy solo yo quien sabe esto. Lamentablemente, nuestra estructura social no tiene los medios para prevenir tales desgracias. En esta institución penitenciaria, por sus proporciones, encontramos diferentes tipos de personas, desde empleados hasta reeducados. Tenemos aquí, desde la Gerencia General, los demás Directores y los empleados, a quienes se preocupan por el bienestar de los internos, así como tenemos, entre estos, a los que vinieron aquí por el delito y se quedan aquí en el delito...

Mostrando tristeza:

– Lo que has estado haciendo, distribuyendo droga, así como otras personas en otras irregularidades, siempre sucederá, dentro o fuera de cualquier muro, mientras la Humanidad no progrese.

Con severas amonestaciones, preguntó:

– ¿Alguna vez has pensado en cuántas criaturas extraviaste? ¿Cuántos hoy se arrepienten de haberse iniciado en la adicción? ¿Cuántas familias se han desmoronado por tu culpa?

Nunca nadie le había hablado así a Clidenor.

Cualquiera que lo hubiera hecho seguramente ya no estaría vivo.

En el fondo sabía que Tiago no representaba un peligro, más bien representaba apoyo, comprensión y era su amigo, ¡el único que tenía!

Ya era plenamente consciente que tenía la libertad a su alcance, la más importante de las libertades, la espiritual, habiéndolo perdido todo.

Reviviendo en su corazón, minuto a minuto, todos los momentos de aquel cruel amanecer vivido plenamente, no sabría decir si fue mayor el miedo o el arrepentimiento.

Ahora sabía que había despertado y desatado fuerzas sobre las que no tenía control, y mucho menos comprensión.

Augusto se lo había advertido.

Tiago del Cielo se hizo eco de las mismas advertencias. ¿Por qué no los había escuchado?

Y esos dos hermanos, compañeros en el secuestro de Letícia... habían sido tuaregs, igual que él mismo... habían estado con ellos, hacía tanto tiempo...

¿Cómo sería tu vida a partir de entonces?

Meditando las palabras de advertencia, tantas palabras, en diferentes ocasiones, tuvo la impresión que estaba al borde de un acantilado y que fuerzas ocultas lo empujaban hacia una caída fatal.

El primer domingo de visita, tras su alta médica, fue interrogado por el emisario de los distribuidores de tóxicos sobre el gran daño que había causado su enfermedad. El mensajero le dijo:

– Nuestros jefes no están nada contentos contigo. Hay rumores que tu enfermedad fue un golpe, simulado como locura o algo parecido...

Amenazante, dijo entre dientes;

– ¿Qué pasa? ¿Por qué dudas?

– Parece que has estado hablando mucho con gente de la ley...

Clidenor se dio cuenta que al problema espiritual, que le había causado un grave problema de salud, se le sumaba otro, igualmente peligroso.

Dedujo que alguien le había dicho que la semana pasada Tiago lo visitaba diariamente.

Los traficantes no pueden dejar de obtener ganancias.

El despido no está en el diccionario de los narcotraficantes. Nunca podrán abandonar esta actividad.

Ninguno, hasta la fecha, se ha jubilado.

Reposición, aunque sea ocasional, solo si el titular ha hecho el gran viaje, aquel que no tiene retorno... Generalmente, con el "boleto" proporcionado por los propios compañeros o por los competidores.

Clidenor ya contaba con mucho dinero, aportado por la lamentable actividad que realizaba.

Llevaba un tiempo pensando en una forma de abandonar todo eso, pero... sabía que solo cuando muriera sus "jefes" lo dejarían en paz. Vivos y sin la protección de la pandilla, cada ex miembro constituye un valioso archivo de información que, sin dificultad, la Policía puede "extraer." Así, no encontró manera posible de abandonar esta desafortunada carrera: paradójicamente, tanto la ilegalidad como la legalidad serían enemigos de los que no podría deshacerse, ya que el mundo es demasiado pequeño para cualquier intento de ocultamiento.

Todos los largos años vividos en este mundo tortuoso, en el que, prácticamente por su culpa, tantas personas se habían destruido, le decían que su vida estaba en peligro en ese momento.

Fue descubierto:

- Necesito tiempo para recuperarme, porque no fingí enfermedad, estoy realmente muy mal.

Astutamente, el interlocutor detectó síntomas de debilidad en aquel narcotraficante. Amenazó directamente:

- Ni se te ocurra abandonar el juego. Simplemente muerto...

Clidenor sabía que esa amenaza era cierta; de hecho, en ese preciso momento comenzó a temer por su vida, pues el simple hecho de recordar la amenaza era señal que alguien ya había pensado en ello, en tal posibilidad.

Aun buscando demostrar algo de poder, terminó la entrevista enfáticamente:

- En una semana estaré completamente bien. Hasta entonces, no puedo recuperar la pérdida. Pero entonces el beneficio se duplicará.

Se fue sin despedirse, dándole la espalda a su siniestro visitante, quien, sorprendido y asqueado, también se fue, seguro que aquella sería la última visita que haría a Clidenor.

Por la información que había recopilado de otras fuentes, allí mismo en la prisión, sabía que la pandilla, cuando se enteraran, comenzarían a considerarlo su "ex..."

Rocío sobre Piedra

¡La divina misericordia es permanente hacia todas las criaturas! Cada vez que alguien se encuentra en un estado de necesidad, hay fuerzas espirituales listas para ayudar.

Sin embargo, para que la ayuda sea efectiva, es esencial que la persona necesitada deje la puerta de su hogar mental al menos entreabierta, para que los protectores celestiales puedan entrar. De lo contrario, la rebelión del que sufre lo convierte en una piedra, donde el rocío no penetra.

La ayuda celestial puede llegar en respuesta a una petición, hecha por la persona necesitada o por otra persona, actuando en su beneficio, por amor.

También puede suceder que la asistencia se proporcione de forma independiente, solicitando ansiosamente.

Según la Ley de Justicia, la concesión y la forma de toda solicitud de asistencia se basan en la "historia espiritual" de quien necesita ayuda, que se asigna instantáneamente.

Los necesitados pueden ser receptivos o no; puede ser digno o no: la ayuda del Altísimo siempre alivia el dolor, físico o espiritual, en las alturas de las crisis existenciales. En estos casos, y particularmente en condiciones negativas, el rocío celestial aliviará los sufrimientos de las almas que el desierto moral ha endurecido.

¡Así es la divina misericordia!

El concepto que alguien "no es digno" hay que analizarlo con mucho cuidado: no existe. Todos los hijos de Dios, simplemente porque fuimos creados por Él, nunca serían huérfanos de Su amor. Por tanto, en términos de mérito, sería mejor considerar que "algunos tienen más, otros tienen menos."

Un milagro no puede atribuirse al plano espiritual: para que su acción se lleve a cabo son esenciales dos polos vinculados entre sí: aceptación de la ayuda y nivel de mérito.

La aceptación de ayuda facilita enormemente la llegada de ayuda. Inicialmente demuestra humildad e integración con la Naturaleza, en todos sus planes.

En cuanto al mérito, hay infinidad de factores que lo cuantifican, delimitando la proporción de las ayudas. Los acontecimientos que ocurrieron, a veces hace siglos, se eliminan instantáneamente del balance crediticio individual; cuando se incluyen en la ecuación del apoyo a brindar, definen cuánto, dónde y cómo: a veces, un criminal cruel, en un movimiento inesperado, se apiada de una criatura que llora, en la escena del crimen: por puro instinto de protección, perdona al niño, a cuyos padres acaba de eliminar; esto ocurre porque en ese momento reverbera en su alma la esencia divina de la creación, superior al trueno espiritual provocado por los desvíos en los que ahora se encuentra; infelices protagonistas del libertinaje sexual, con todos los valores morales perdidos, muchos de ellos se dedican a sus hijos con especial cuidado y máxima protección, amándolos extremadamente; hacen todo lo posible para impedirles seguir su ejemplo...

Centrándonos únicamente en estos dos ejemplos de lirios que florecen en el pantano de las vicisitudes humanas, podemos deducir que el amor es intrínseco al hombre y que todo gesto que se origine en él tenderá a reforzarlo – primero, en el mundo íntimo del agente y luego, en el universo cósmico. Tales gestos constituyen un punto positivo que surge en el contexto de mitigar a quienes hacen el mal, cuando, a veces, siglos después, en vidas futuras, necesitan ayuda, con extrema urgencia.

No hace falta señalar que pequeños o grandes actos en las áreas del bien o del mal quedan registrados indeleblemente en la conciencia espiritual de aquellos que los practicaba, provocando reflejos, a veces muchas vidas después.

En condiciones reencarnacionistas, el tiempo es el factor límite; es, por así decirlo, el eco de la acción, que regresa en una reacción similar.

La trayectoria de tal reacción, como el vector principal de cualquier cuerpo en movimiento, sufre variaciones, a lo largo del camino infinito, representado por el viaje del espíritu hacia la perfección posible.

Cada segundo, cada pensamiento, cada gesto, cada acción, la dinámica del progreso lo registran en la memoria espiritual.

Todos estos acontecimientos constituyen vectores secundarios que promueven esa variación espiritual de recorrido, a veces hacia los lados, casi siempre hacia adelante, nunca hacia atrás, ya que el espíritu no retrocede.

Así, todos tenemos un formidable conjunto de errores y aciertos, a lo largo del camino recorrido y por seguir, desde nuestra creación. Desafortunadamente, más de esos que de estos...

Cada ser, por simple deducción, analizando sus problemas y límites, se dará cuenta que en términos de mérito espiritual, la "deuda" es superior al "crédito." Para ello bastará con razonar que vivimos en un mundo donde las dificultades están por todas partes, ofreciendo un panorama general de infelicidad.

Nadie podrá sentirse feliz si la felicidad no es de todos.

Una conclusión tan íntima no requiere ningún "paseo" por el pasado, especialmente si es inducida.

Cuando Jesús advirtió que la felicidad no es de este mundo, recomendando oración y vigilancia, se refería a la llegada de las pruebas, a las que todavía estamos todos sujetos, sin que nadie sepa en qué momento ni por qué camino.

En este panorama, Clidenor estaba al borde de un precipicio: su espíritu ya gritaba fuerte, en un combate íntimo, entre mil pensamientos controvertidos; a veces quiso detener el tráfico de drogas y su propio consumo, procedimientos que sabía eran poco felices; en reacción, escuchó voces interiores que gritaban que continuara e incluso intensificara sus procedimientos equivocados.

Vivía en un verdadero infierno privado. Estaba enfermo; muy enfermo, y lo sabía.

Las constantes pérdidas de sangre, en forma de hemorragias nasales u orales, o incluso simultáneas, lo transformaron, en dos semanas, en un muerto viviente.

Los internos lo evitaban, como si fuera la peste encarnada, pues su mirada se había vuelto oscura y sus gestos lentos y cansados.

Quince días después del terrible accidente astral, sentía que se consumía, le faltaban fuerzas y ni siquiera quería comer.

Era necesaria una transfusión de sangre, de lo contrario su cuerpo no podría resistir la muerte.

La transfusión se realizó en la Enfermería de la prisión, a su cargo, ya que su saldo bancario era todavía la única "fortaleza" que tenía.

* * *

Actuando en rebeldía, siempre con buena intención, Tiago del Cielo solicitó al Juez de Primera Instancia que se revisara el proceso penal relativo a Clidenor, para reevaluar la sentencia.

En cualquier caso, Clidenor fue puesto en libertad porque, además de haber cumplido ya más de dos tercios de su condena, su conducta fue considerada ejemplar, pues en su expediente disciplinario no se señalaba ninguna actuación contraria a la normativa interna.

Esta información, proporcionada por la Dirección General del penal, fue de gran ayuda, considerando que Clidenor era un empleado útil en la administración penitenciaria, donde todos lo consideraban un verdadero líder.

Se había recurrido a esos dirigentes en varias ocasiones, a petición de las propias autoridades penitenciarias, para calmar cualquier agitación o calmar el ambiente, cuando había sospechas de revuelta colectiva.

Por todo ello fue puesto en libertad.

Nunca se dio cuenta que su liberación se debía a una intromisión, tan amistosa como legal, del Tiago del Cielo.

El mes era noviembre.

No se despidió de nadie. Temía ser eliminado.

Libre, se alojó en un hotel de clase baja, donde podía permanecer en el anonimato, o con un nombre cambiado, para evitar represalias de la banda para la que traficaba drogas.

Consultó a un médico de cabecera, quien le recetó una serie de inyecciones, para lo cual contrató a un empleado de la farmacia para que fuera al hotel a administrárselas.

No salió de su habitación de hotel durante una semana. Con propinas, compró el silencio de los empleados, quienes, por orden suya, le llevaban comida, que casi siempre no consumía por falta de apetito.

La salud era mala.

Una noche soñó con Augusto, quien le decía que incluyera la oración en sus hábitos diarios; que la oración es la poderosa linterna que guía a los caminantes, cuando son sorprendidos por las tinieblas del alma; que leyera, estudiara y practicara el Evangelio de Jesús, única manera de no caer por el precipicio en el que creía estar situado; en lugar de fumar en ese hotel, debería ir a una casa cristiana, donde se recordaría a Jesús.

En el sueño, vencido por tanta angustia, tanta presión, tanta depresión, tantos desajustes, tanta soledad, lloró amargamente, cerca del pecho protector de Augusto, que le acariciaba paternalmente el pelo.

Se despertó llorando de verdad, como si sus ojos fueran diminutas fuentes de las que brotaran lágrimas incesantes, ardientes, sentidas...

Recordó todos los consejos del mentor, impresionado por la lámpara, la oración, en la que la lámpara estaría representada por la fe en Dios y las baterías por la fuerza de voluntad y el arrepentimiento; con una linterna así, nunca se quedaría a oscuras, recorriendo el camino feliz que es el Evangelio.

Salió a caminar, el primer paseo desde que obtuvo la libertad, provocando gran curiosidad entre los empleados del hotel, quienes pensaron que era alguien perseguido por la ley, ya que nadie se escondía por tanto tiempo, en un ambiente inferior.

El paseo diluyó tales sospechas, pues Clidenor no se disfrazaba, se movía con naturalidad y no tenía en sus ojos el imborrable tono de culpa, que tan fácilmente se identificaba en otros invitados, que huían de algo...

Sentado en la plaza, recordó cuando era niño y escuchó a su abuela identificar a Salesio como el malvado que lo había despedido en su primer trabajo.

- "Salesio – pensó -, un día me vengaré."

Permaneció sentado durante varias horas, reflexionando. Al salir, se arrepintió de no haber realizado otras caminatas antes, pues el aire de la mañana y el aroma de las flores eran un premio para sus pulmones; durante tantos años respirando aire carcelario y durante una semana en aquel hotel de baja categoría.

Reacio a seguir todos los consejos que recibió, decidió hacer algunos cambios en su vida.

Regresó al hotel, pagó la cuenta y se fue.

Se alojó en otro hotel, lejos de ese, con mejor servicio.

Como en el procedimiento anterior, allí tampoco se identificó. Usó un nombre falso.

Aunque parecía estar físicamente agotado, su situación financiera evitó la vergüenza y brindó atención diferenciada.

Llamó al Tiago del Cielo, invitándolo a almorzar, pues necesitaba urgentemente hablar con él.

Se reunieron para almorzar y Tiago del Cielo aprovechó la oportunidad para ayudar al ex preso.

– Tuve un sueño – dijo Clidenor.

– ¿Sí?

– Sí, soñé con un espíritu bondadoso, incluso sé su nombre: Augusto. Me recomendó que buscara una casa de oración...

Excelente. ¿Has encontrado alguna todavía?

– Todavía no, por eso te llamé.

– Ahora estás invitado a asistir a "mi" Centro Espírita.

Clidenor tomó nota de la dirección y de los días que podía aparecer allí.

Tiago había aclarado que, para empezar, debía asistir a clases y conferencias doctrinarias, y luego, si era necesario, participar en reuniones mediúmnicas. Juntos hicieron una revisión y análisis de los hechos espirituales ocurridos con Clidenor. Todas las señales apuntaban en una dirección: la mediumnidad.

Se aclaró que durante esta época de estudios espiritistas sería conveniente tomar pases y, de ser posible, ayudar en alguna tarea interna del Centro, ya sea administrativa o asistencial.

Algunos días después, Clidenor ya no recordaba la invitación de Tiago, incluso perdió el papel con las notas sobre la Casa espírita.

Había estado pensando: no tenía interés en dedicarse a ninguna religión y también era hora de buscar una actividad para "trabajar" y ganar dinero.

La necesidad de reiniciar la actividad del narcotráfico crecía en su pensamiento, pues sabía que ganaría mucho dinero siendo libre.

Comenzó a sentir un deseo imparable de consumir drogas, además de sentirse perturbado en lo más profundo de su sexualidad hasta entonces reprimida.

En ambientes infelices, daba rienda suelta a ambas necesidades que dominaban imperiosamente sus sentidos.

Volver a sustancias tóxicas, como consumidor, perjudicó aun más su salud.

Estaba aterrado por la situación de la pandilla que había abandonado, sin darle ninguna satisfacción. Sabía que, tarde o temprano, tendría que afrontar las consecuencias de su actitud, considerada imperdonable en el mundo de las drogas.

Pensó y repensó en buscar a sus antiguos jefes, cuando disculparía su enfermedad y abandono, y tal vez lograría reiniciarse en el narcotráfico.

Fue entonces cuando, una vez más, se le presentó la ayuda del plano superior, no solo de las oraciones que Letícia decía a diario, así como los pensamientos positivos de Tiago del Cielo, a su favor.

El caso es que volvió a soñar con Augusto.

Cuando despertó recordó perfectamente el diálogo que mantuvo:

– Clidenor, hijo mío: no sigas por este camino infeliz. La vida es eterna, a veces como espíritu, a veces como alma encarnada. Yo estoy en el primer caso y tú en el segundo. Todos hemos tenido muchas vidas desde que Dios nos creó. De vida en vida vamos evolucionando, subiendo escalones que nos llevarán cada vez más alto, acercándonos al Padre.

No es bueno detenerse en un paso y más causar sufrimiento a nadie. El amor es la mayor fuerza impulsora para el ascenso.

Clidenor reflexionó:

– Mi señor, no puedo amar a nadie...

– Te equivocas. Todos tenemos la esencia del amor. En tu caso, lo que sucede es que has sofocado este sentimiento divino por otro opuesto, que es el odio. Y solo tendrás libertad cuando perdones.

– Salesio...

– Sí, él también tiene odio en su corazón y ambos apoyan la negatividad del otro.

– Nunca lo perdonaré.

– Nunca es demasiado largo. El perdón, tan recomendado por Nuestro Señor Jesucristo, calma todas las tormentas interiores de quien lo practica.

Clidenor quedó impresionado por lo que Augusto añadió a continuación, sobre el perdón:

– Aunque a los ojos del mundo parezca debilidad, ante Dios el perdón es prerrogativa de los fuertes, de los muy fuertes, evidenciando la superioridad moral del espíritu que toma la iniciativa de promoverlo.

Augusto terminó diciendo:

– Recomiendo una vez más buscar un ambiente en el que se recuerden y practiquen principalmente las enseñanzas de Jesús. ¡Que Dios te bendiga!

Cuando despertó, su memoria lo registró exactamente palabra por palabra.

Lloró durante largos minutos.

Volvió a quedarse dormido, un sueño apacible y reconfortante. Por la mañana se levantó de buen humor y decidió visitar el Centro de Tiago.

Estaba absorto en el café, cuando una señora de la limpieza, sin darse cuenta, le tocó el pie con una escoba.

– Lo siento señor, no fue intencional.

Clidenor instantáneamente simpatizó con la señora. Humilde, con la cabeza gacha, la criada esperaba al probable representante, el huésped o el gerente, o ambos.

El gerente, atento a todo, estuvo a punto de llamarle la atención, pero se detuvo cuando, en un gesto espontáneo, Clidenor puso su mano sobre el hombro de la muchacha:

– No te preocupes; no fue nada.

Algo chispeó entre ellos.

Un sentimiento indefinible recorrió todo su ser.

Clidenor, poco dado a las cortesías con las mujeres, esta vez se mostró delicado, despidiéndose de ella, no sin antes pedirle permiso para marcharse.

Luego, en su habitación, siendo atendido por el enfermero que había venido a ponerle una inyección, le preguntó:

– ¿Quién es esa chica de pelo largo que limpia aquí en el hotel?

– Es Julieta...

– ¿Casada?

– No que yo sepa.

No dijeron nada más sobre la chica. Al día siguiente, al ver a Julieta haciendo sus trabajos, Clidenor se dirigió a ella:

– ¿Vives en este barrio?

- No señor, vivo lejos de aquí.

- Es una pena, porque quería saber algo...

- ¿Qué es?

Estoy buscando una casa religiosa, donde los muertos hablan con los vivos...

- ¿Es usted espírita?

- Más o menos...

- ¿Eres médium?

- Más o menos...

- Lo que dice es que está buscando un Centro Espírita.

- Más o menos - respondió evasivamente Clidenor, por tercera vez.

- Es una coincidencia...

- ¿Cómo así?

- Voy a un Centro Espírita cerca de casa. También soy médium.

Sorprendido y feliz por la coincidencia, Clidenor aceptó la invitación para asistir.

Una sorpresa mayor le aguardaba en la Casa espírita: allí Tiago del Cielo desarrollaba sus actividades mediúmnicas.

Su amigo lo recibió con entusiasmo.

Al ser tratado con cariño y fraternidad, incluso por los desconocidos, a quienes Tiago le presentó, Clidenor se sintió bien en ese ambiente en el que pisaba por primera vez.

El encuentro estuvo destinado a estudios de *El Evangelio según el Espiritismo*, y esa noche el tema central fue el "duelo."

- ¿Era para mí? - Se preguntó Clidenor, ante lo que escuchó -. Parece que Augusto abrió el libro en esta página...

Julieta estaba presente, habiendo llegado después de él.

Sin saber que Julieta ya conocía a Clidenor, Tiago notó la simpatía que se mostraban el uno por el otro. Discretamente, no les preguntó nada a ninguno de los dos.

Era inevitable: durante la exposición doctrinaria y los debates, Clidenor y Julieta intercambiaron miradas de aceptación recíproca, de algo más fuerte que la fraternidad.

Al día siguiente la invitó a dar un paseo, lo cual aceptó de inmediato. Salieron una, dos, tres veces...

La cuarta vez, con las libidos de ambos exigiendo fisiológicamente, debido a la atracción que habían despertado el uno en el otro, casi sin intercambiar palabras, en un acuerdo tácito, se dirigieron a un motel.

En ambos se acumularon tensiones.

Clidenor estaba sufriendo graves consecuencias por el atormentador viaje astral que había provocado, además de los caminos criminales que tomó como narcotraficante, además de ser él mismo un adicto. Con la salud quebrantada y lleno de temores, vivió atormentado.

Julieta también tuvo problemas difíciles: era madre soltera; su hijo, nunca había visto a su padre, quien incluso durante el embarazo había abandonado a la mujer que había creído en sus promesas de matrimonio. Cuando nació el niño, su padre nunca volvió a visitarla y fue abatido por la policía algún tiempo después.

Esos recuerdos no la dejaban paz. Durante unas semanas los dos amantes vivieron el ambiente sensual que los unía.

Permaneciendo de incógnito, Clidenor pasó esas semanas en relativa paz, yendo de vez en cuando al Centro

Espírita. Su salud, frágil, se mantuvo estable, gracias a los pases que recibió.

Consumía drogas y se medicaba, simultáneamente.

Sobre su cabeza se acumulaban formidables nubes negras de infelicidad que presagiaban una tormenta moral.

Había salido de prisión hacía siete semanas.

Comenzó a barajar la idea de deshacerse de Julieta, mudándose a otra ciudad, lejana, donde no sería buscado por ella ni alcanzado por el brazo vengador de la banda de narcos que había abandonado.

Se acercaba la Navidad.

Julieta, en una cita; toda tímida, anunció:

– Tengo algo muy bueno que decirte...

Como adivinando qué sería, Clidenor inmediatamente canceló el plan de desaparecer de la presencia de aquella mujer, sin dar ninguna explicación. Consideró que lo mejor era resolver las cosas con claridad.

Sin mostrar el menor interés, respondió:

– Ni siquiera quiero saberlo. Me mudo de esta ciudad, y no sé ni a dónde. No nos volveremos a ver.

– ¿Es eso lo que quieres?

– Sí, eso es lo que quiero.

– Pero, ¿tú no me amas?

– Debes estar divagando...

Los poseedores de la droga que traficaba Clidenor, descontentos por el abandono irresponsable de su agente, realizaron investigaciones sobre su paradero desde que salió de prisión.

No pudieron encontrarlo.

Sin embargo, descubrieron que ahí dentro de la prisión Clidenor tenía un enemigo: Salesio.

Sin dificultad, lo cooptaron para ser el nuevo distribuidor de la droga, entre esa "clientela." Tenía dos buenas razones para aceptar el nuevo encargo: ganar más dinero y vengarse de Clidenor. Además, cuando saliera de prisión – que no tardaría mucho –, tendría un oficio rentable... Salesio, con su habitual competencia comercial, logró llegar a un acuerdo entre la banda que suministraba marihuana y la que suministraba cocaína, estableciendo bases porcentuales justas.

Se convirtió en "director general" en ambas "representaciones." El dinero y el poder aumentaron.

Se ofreció amablemente a ayudar a encontrar al "fugitivo" para ajustar cuentas. Sobre todo porque, desconectado de la estructura criminal, representaba un grave peligro para todos. Si la pandilla lo eliminara, sería una alegría más para él y una preocupación menos...

Proporcionó varios detalles privados sobre Clidenor, incluido el hecho que era amigo de Tiago del Cielo.

Así, después de Tiago del Cielo, en menos de una semana la pandilla logró localizar a Clidenor, precisamente en una reunión en el Centro Espírita.

Haciendo uso de sus "prerrogativas oficiales", Salesio, como otros presos de buena conducta y sentencias casi cumplidas, obtuvo autorización para pasar la Navidad con su familia.

Se puso en marcha una triste y sombría orquestación espiritual y el desenlace solo podía ser trágico: en la semana de Navidad, Clidenor sintió que su salud ya no se recuperaría; algo le decía que su muerte no se haría esperar; incluso si no muriera, iba a abandonar esa ciudad. Una terrible soledad envolvió su alma y en el pico de la ola de tristeza recordó a Letícia.

– ¡Necesitaba verla!

– "Antes de partir o morir" - pensó.

Obsesivamente necesitaba verla y respirar el aire que estaba cerca de ella...

Obtuvo la dirección de la guía telefónica y se dirigió allí.

En su panel mental, Julieta ya era un "producto desechable", he aquí, la llama de la pasión que lo había hecho hervir de deseo por ella, ya no ardía y pronto se había extinguido, por falta del combustible principal: el amor.

Llegó frente a la casa de Letícia y se llevó un gran shock, seguido de una terrible punzada en el corazón: ¡esa casa era la misma de la visita astral!

Pensó:

– "¿Cómo fue posible? ¿Cómo había llegado allí, en espíritu, sin saber la dirección? ¿Por qué, en esa terrible noche, no había podido entrar?"

Recordó las compañías espirituales que lo habían sacado de la celda y lo habían llevado allí.

Tuvo otro susto tremendo, cuando escuchó una risa terrible, saliendo del interior de su cabeza.

El que reía le dijo:

– Entonces regresaste y nos volvimos a encontrar, ¿eh?

Clidenor se tambaleó.

No sabía qué medidas tomar.

Se encendió una luz en el balcón, se abrió la puerta de entrada y al verlo Letícia exclamó:

- ¡Clidenor!

Saliendo momentáneamente de su letargo y en presencia de la única mujer que había amado, logró equilibrar parcialmente su emoción.

- Letícia, Letícia: vine aquí para despedirme...

- ¿Decirme adiós?

- Sí: ya no soy prisionero, pero no tengo libertad. Mi vida se está acabando...

Tales palabras, llenas de sinceridad, conmovieron a la joven. En una actitud puramente femenina y maternal, acercándose a él, lo ayudó:

- ¿Puedo hacer algo por ti?

Estaban a menos de un metro de distancia el uno del otro.

Clidenor, buscando la mano de Letícia, estaba a punto de responderle cuando, desde un costado de la casa, aparecieron dos hombres con revólveres en la mano. Detrás de ellos, muy agitado, Salesio.

No hubo tiempo para ningún gesto, ninguna palabra, nada: los hombres dispararon.

La muerte de Clidenor fue instantánea.

La orden de disparar vino de Salesio, quien, temiendo que lo asaltaran, mantuvo cerca de él a dos "guardias de seguridad", de acuerdo con la banda narco que representaba.

Los guardias de seguridad ocultos habían alertado a los familiares que el ex narcotraficante estaba delante de la casa, merodeando.

Salesio pasó por la parte de atrás, ordenando que le dispararan, pues tal vez quería realizar alguna venganza o secuestrar nuevamente a su hija.

Letícia presenció la orden y previendo un desenlace trágico, sabiendo que era consciente del odio recíproco entre su padre y Clidenor, fue más rápida y encendió la luz frente a la casa, para intentar convencerlo que se alejara de allí lo más rápido posible. No se imaginaba que los hombres dispararían sin antes hacer preguntas...

Inclinándose, tomó la cabeza de Clidenor, acunándola contra su pecho y rezó el "Padre Nuestro."

Salesio, al ver muerto a Clidenor, se puso histérico. Tenía muchas ganas que todo sucediera y, cuando sucedió, se dio cuenta que había cometido un gran error. Por varios motivos, la muerte de Clidenor podría complicar las cosas: habría repercusiones en los Tribunales, ya que estando libre en época navideña, era completamente desaconsejable cometer un asesinato en la puerta de su casa, incluso alegando "defensa propia"; sabía que, incluso citando el terrible historial de Clidenor, habría una investigación.

Por lo tanto, lo más probable es que la pandilla lo reemplazase, además de perder el beneficio de la libertad antes que se cumpla la pena completa.

Y, reemplazos en el tóxico tráfico...

Para librarse de tantas complicaciones decidió sacar el cuerpo de allí, desaparecer.

El cadáver fue colocado en la cajuela del auto de Salesio y los hombres le exigieron que los acompañara, para indicarles el lugar de "disposición." Todos nerviosos, superaron la velocidad.

Fueron sorprendidos por una patrulla policial motorizada, que, activando la sirena, comenzó a perseguirlos.

Aterrado, el conductor aumentó la velocidad.

Salesio le gritó que corriera más. Sabía que ahora era todo o nada. No lo podían pillar con las manos en la masa y un cadáver en el maletero. Sería imposible ser inocente.

La persecución policial provocó que el conductor exagerara su velocidad.

Como resultado, el vuelco fue inevitable. Salesio murió instantáneamente.

Los dos hombres, aunque gravemente heridos, fueron rescatados y puestos fuera de peligro. Sus abogados no tuvieron dificultad en imputar toda la culpa del asesinato a Salesio.

De esta manera, en menos de cinco minutos, por total invigilancia y falta de perdón, dos almas abandonaron el cuerpo físico.

Al plano espiritual, en gravísimo estado, llegaron dos espíritus infelices, enemigos acérrimos.

Es difícil decir cuál fue el más infeliz.

Así, melancólica y tristemente, se completó otra plantación de ambos...

La cosecha, infalible, la tendrían que hacer ellos.

II PARTE

COSECHAS

Inicio de la Cosecha

Como parte del planeta Tierra, tenemos la atmósfera, rodeándola, en varias capas, como la troposfera, los estratos superiores, la mesosfera, la termosfera y la exosfera.

Estas capas constituyen regiones distintas, perfectamente identificables, debido a las temperaturas ambientales, que varían en función de la altitud de cada una de ellas.

Más allá de la atmósfera terrestre hay regiones donde los rayos solares ionizan el aire. Estas capas ionizadas se conocen como ionosfera.

Bajo la superficie terrestre tenemos la corteza, formada a su vez; por la litósfera – rocas -, y la hidrósfera - agua.

La parte menos conocida de la Tierra es su núcleo, cuya parte interior sólida está rodeada por un núcleo exterior de muy alta temperatura, hecho de hierro y níquel, ¡en estado líquido!

También tratándose únicamente del planeta Tierra, rodeando nuestro mundo, originándose en su núcleo, existen diferentes regiones espirituales.

Allan Kardec llamó "erraticidad" al conjunto de regiones en las que viven espíritus aun necesitados de reencarnación, llamándolos "espíritus errantes." Kardec, solo con fines pedagógicos, también clasificó a los espíritus, según el avance moral de cada uno.

Cada una de estas regiones se caracteriza por el nivel evolutivo de sus habitantes.

No podríamos enumerar cuántos son y menos dónde empiezan y terminan, sin embargo sabemos que cerca de la corteza terrestre se encuentran los espíritus más infelices.

La Doctrina Espírita llama "Umbral" a las regiones donde prevalece la infelicidad.

Cuando los espíritus desencarnan, pasan por un período de turbulencia, que puede ser corto o largo, cuya duración es siempre directamente proporcional a su evolución.

Los espíritus puros o perfectos ya no necesitan encarnación. Si ocurre, será siempre en forma misionera y al desencarnar, regresan directamente a los lugares celestiales, sin etapas de erraticidad y menos en el Umbral. Como los niveles evolutivos varían infinitamente, los eventos que siguen al fenómeno también varían infinitamente a la llamada muerte.

Las Leyes de la Justicia y del Progreso, divinas y universales, tienen una expresión eficaz en el umbral de todos aquellos que están contra el deber, viviendo incluso entonces desafiándolos, excluyendo el amor de sus acciones.

Como instrumentos de la evolución, que a su vez es también Ley divina, inexorable para todas las criaturas, esas otras Leyes antes mencionadas, en ella, el Umbral, se expresan a través del dolor.

Esto constituye una bendición, aunque a muchos les parezca lo contrario. Funcionando como enseñanza moral y principalmente como advertencia, el dolor detiene el proceder equivocado, ya que despierta en el espíritu infeliz el deseo de reconstruir lo que ha sido destruido, de caminar de nuevo, por los caminos que ha abandonado, en busca de ilusiones, ahora probados, tan amargamente.

El tiempo transcurrido en el Umbral, como en toda situación de desesperación, es siempre el que determina la propia criatura, se le da una nueva oportunidad en cuanto se produce un arrepentimiento sincero, combinado con la decisión de no volver más a la causa que los provoca.

Los impactos de los proyectiles que lo impactaron dejaron a Clidenor en situaciones conflictivas y simultáneas.

Primero, dolor intenso, que quema el cuerpo desde dentro, como si le hubieran clavado un tizón en el pecho; segundo, oscuridad; tercero, la impresión que estaba siendo arrastrado por una furiosa inundación y que su cuerpo se desmoronaba en ese violento viaje hacia lo desconocido.

Pronto el calor que sentía en su pecho se extendió por todo su cuerpo, el cual fue arrastrado a la fuerza.

Pesadas cargas, surgidas de la nada, ataban sus miembros por lo que no pudo moverse. Tenía la sensación de la nada, porque no veía nada, aunque tenía los ojos bien abiertos.

Aterrado, no podía explicar cómo la oscuridad ahora era rojiza, ahora grisácea, ahora gris, ahora realmente oscura.

— "¿Dónde estaba Letícia? ¿Qué había pasado? Parece que alguien le había disparado..."

Sintió un golpe, como si lo hubieran arrojado desde lo alto de un acantilado y se hubiera estrellado.

Quería levantarse. No lo consiguió.

Pensó en huir, sin importar dónde, simplemente huir. El peligro estaba dentro y fuera de él. Ni siquiera sabía cómo explicar lo sucedido, solo sabía que había sido alcanzado por el fuego, pues sentía que ardía.

- "¿Por qué pesaba tanto el cuerpo? ¿Y esa sensación que estaba en llamas, que no se soltaba? Pero, si estaba ardiendo, ¿cómo es que el cuerpo no se desintegró, ni se convirtió en cenizas?"

Buscando concatenar estos pensamientos, en medio de la confusión en la que se había sumido, un nuevo acontecimiento, también inexplicable, lo arrancó de ellos.

Inmovilizado, sintiendo que su cuerpo se hacía pesado varias veces, comenzó a mirar una extraña "película" en una pantalla que se encontraba, como máximo, a medio metro de sus ojos.

Aunque claras, las escenas le causaban confusión, pero de una cosa estaba seguro: él era el personaje de la película, estaba "dentro" de ella, moviéndose muy rápido, pero con total comprensión.

Se vio a sí mismo como un niño.

Sí, era él: la pobreza del ambiente, la mujer que lo sostenía amorosamente en su regazo era su madre, que lloraba porque no había comida en la casa y su padre estaba postrado en la cama, debido a un accidente.

Pronto se encontró joven, con varios hermanos, todos siempre en extrema pobreza.

Los hermanos lloraron de hambre...

Robó alimentos de la tienda... Siguió golpeándolos...

Se vio dañando el auto de Salesio, secuestrando a su hija Letícia y huyendo a otra ciudad.

Su implicación con las drogas, antes y después de la cárcel, como preso, expuso a cientos y cientos de adictos que se quejaban, a sus conocidos... Le dirigieron palabras oscuras y acusaciones. Prometieron venganza, cueste lo que cueste, por el daño que les había causado.

Pero... muchos de ellos habían muerto...

Peor aun: también vio a otras personas, a quienes no conocía, también maldiciéndolo y queriendo venganza. Sin que nadie le diera explicaciones, comprendió inmediatamente que se trataba de los padres, familiares, cónyuges, prometidos o simplemente amigos, de aquellos a quienes había iniciado la adicción o les había dado drogas.

Había muchos...

Vio, sin querer creerlo, pero consciente que era real, que al provocar el fatídico viaje astral a casa de Letícia, había roto un cuerpo que estaba dentro de su propio cuerpo.

- "¿Cómo fue eso posible? ¿Entonces había dos cuerpos?"

Nuevamente sin dar ninguna explicación, entendiendo, afirmó que el cuerpo físico es la vestidura de otro cuerpo, que le sirve de molde y es el verdadero asiento de las sensaciones.

De un vistazo, pensó:

- "El cuerpo que dañé, cuando quise ver a Letícia, de manera invisible; debe ser el alma."

Aun a gran velocidad, comprendió la terrible verdad: el cuerpo que había dañado era el que era ahora...

- "Pero, si era invisible, ¿cómo pesaba tanto? ¡¿Cómo las heridas seguían ardiendo, ardiendo, sangrando, sangrando...?! ¿Me morí? No, no: debo estar en otra de esas pesadillas, porque si hubiera muerto no sentiría tanto dolor."

Sintió que se estaba volviendo loco cuando terminó la "película", porque era plenamente consciente que todo lo que había visto no había durado más de un minuto, quizás menos.

Además del fuego que lo quemaba, sin consumirlo, comenzó a sentir, paradójicamente, un frío intenso.

En él, la frontera que separaba la razón del abismo mental era tenue, lo afectaban grandes dolores físicos y dudas no menos atormentadoras:

¿Dónde estaba?

¿Estaba realmente en llamas?

¿Por qué le dolían tanto los oídos, ya que todos los sonidos se habían magnificado tanto?

¿Por qué los ojos prácticamente habían perdido su función, sin poder identificar nada, más que sombras y más sombras?

¿Por qué no podía reaccionar él, quien siempre había infundido respeto en todos los que lo rodeaban?

Tenía mucha sed:

- "¿Dónde encontrar agua?

El frío, el cansancio y el hambre ya llegando, fueron otros problemas graves...

Lo peor de todo: esas risas: ¿por qué se reían tan fuerte y con razón de él?

Las malas palabras: cientos y cientos de voces que lo califican de narcotraficante asqueroso y cruel.

¿Podría salirse con la suya con tanta gente prometiendo una venganza total contra él?

Lo más impresionante de todo esto fue que las cosas sucedieron en fracciones de segundo, o había perdido la noción del tiempo.

Tiempo: ¿qué era el tiempo en ese lugar? ¿Cuánto tiempo había pasado desde que comenzó esa pesadilla?

Con cada pregunta, la reemplazaba otra más angustiosa. Todas, ninguna respuesta.

Con miedo identificó figuras siniestras en su zona. Ahora, además de todos los dolorosos tormentos, empezó a oler un olor nauseabundo. Quería correr, pero no pudo. Quiso gritar, pero la voz no obedeció.

Fue brutalmente atacado.

Quería defenderse, pero no tenía fuerzas.

Las figuras, sin vergüenza alguna, sin consideración alguna, agarraron su cuerpo, por los brazos, por las piernas, por la cabeza y, metiendo la boca donde pudieron, comenzaron una comida terrible.

Chuparon su cuerpo y sintió que de sus entrañas se liberaban sustancias desconocidas, que eran absorbidas con avidez.

Apenas escenas de películas de terror pasaron por su mente, haciéndole creer que era una víctima real de varios vampiros.

Absolutamente incapaz de cualquier gesto defensivo, con su mente alcanzando niveles desesperados de miedo, odio y estupor, perdió el conocimiento.

✸ ✸ ✸

Donde hay Dolor, también hay una constante: en todos los casos está presente la ayuda espiritual.

Incluso en los casos en que la persona desencarnada construye un alto muro a su alrededor, hecho con los ladrillos de sus desafortunados actos. En estos casos, al no poder actuar directamente, los salvadores celestiales actúan indirectamente.

Este fue el caso de Clidenor:

Los desafortunados entes que succionaron sus energías vitales, agotando por completo sus fuerzas, quedaron atónitos ante una luz que se acercaba a esa oscura región "perdida" del Universo.

No importa cuánto uno busque palabras para describir el horror del vampirismo espiritual, no hay ninguna en la Tierra lo suficientemente fiel como para plasmar tal tragedia en papel.

El alcoholismo, el sexo salvaje y las drogas constituyen un trípode responsable de la mayoría de estos casos.

Hay otros aspectos que llevan al vampirismo, pero destaca el mencionado trípode.

Sin ser excluyentes, estas tres caras de la infelicidad tienen a la sustancia tóxica como potente inductor de las demás.

Si el adicto es un esclavo, el traficante es cien veces más culpable, ya que actúa sabiendo el mal que resulta de su acción. Si al primero lo mueve la curiosidad, la frustración o la falta de base moral, haciéndose daño a sí mismo, al segundo lo mueven intereses innegables: el dinero y el poder, al precio de la desgracia ajena, que poco le importa.

Todos los delitos cometidos por adictos desprevenidos, con el fin de adquirir y consumir la droga, son responsabilidad del narcotraficante.

En cuanto a los crímenes atroces perpetrados por los traficantes, además del tráfico en sí, ellos son los únicos responsables. Tanto en el adicto como en el narcotraficante, hay una ausencia total del Evangelio de Jesús, que, si estuviera con ellos, seguramente impediría tal inmersión en el charco de la angustia espiritual.

Los espíritus bondadosos están entristecidos por la repetición de tales dramas, cada vez más rutinarios en el panorama terrenal.

No sería exagerado creer que la sustancia tóxica es una de las bestias del Apocalipsis del apóstol Juan.

Todos los involucrados con las drogas son similares a un grupo que se reúne en el pantano, dejándolo llevar la plaga a regiones inocentes. Si los adictos son infelices, todavía tienen la culpa de la falta de vigilancia y de la debilidad espiritual que los llevó a esto.

Sin embargo, en cuanto a los traficantes, les impone la responsabilidad de aquellos a quienes, en la adicción, atraen, introducen o mantienen. Ellos son los desafortunados "comandantes" de esos tristes grupos.

Al estar al borde de la locura, el desmayo fue una bendición providencial para Clidenor.

✳ ✳ ✳

El tiempo es una bendición divina, casi con certeza la más pródiga para el hombre terrenal después de la vida, cuyo gradiente existencial es la eternidad.

La eternidad es, por tanto, un patrimonio fabuloso, que se distribuye a todos, sin reglas fijas para su uso, solo las del libre albedrío de cada uno.

Encarnado o desencarnado, el espíritu solo puede evolucionar cuando utiliza sus acciones para el bien, ya que para cualquier acción, en el bien o en el mal, el tiempo no retrocede. Las acciones incorrectas harán que su progreso se retrase, ya que para corregirlas tendrá que dedicar nuevas cantidades de tiempo.

Por tanto, una de las principales causas del retraso humano es la pérdida de tiempo. Hay otras causas: falta de actitud cristiana, falta de respeto por la abundancia de la tierra, del agua y de la flora, además del descuido en el trato con tantos otros inmensos beneficios puestos a su disposición.

Cuando la razón se oscurece, el tiempo pierde su medida. El uso de fracciones temporales no está programado por nadie, excepto la propia criatura.

El hombre que a veces no le va bien en un segundo puede pasar años por caminos desorientados hasta redescubrir su dirección evangélica. Esto es el resultado de delitos y faltas, sean más o menos graves.

Los crímenes de pensamiento, al amparo del anonimato, traen desgracias inesperadas a sus creadores.

La Naturaleza es pródiga en enseñar el uso pleno del tiempo, segundo a segundo, ya que la obra de la Creación divina es permanente.

Recordando al Maestro de maestros: *"Mi Padre hasta ahora trabaja y yo trabajo también."* (Juan, 5:17).

El predicador, en el Antiguo Testamento, enseñó también palabras eternamente vigentes: *"Todo tiene su tiempo..."* (Eclesiastés, 3:1-8).

Sí: la criatura implicada en los mandamientos cristianos se apropia del tiempo para la caridad hacia los demás; está decidido, muy decidido, a combatir sus malas tendencias; para no perder el tiempo, seguir un camino seguro, abrazando la verdad; mesurado, muy mesurado, nunca juzga, perdonando en lo posible; ante la intolerancia o la ingratitud, trabaja más duro y sigue amando.

***

Despertó.

¿Cuánto tiempo habría estado desmayado?

Unos seis meses.

Mareos, náuseas, sed, frío y hambre.

Se sintió a sí mismo.

Su cuerpo se sentía herido, sangrando...

En los pies, algo como pegamento viscoso, que dificulta caminar. No fue solo en los pies: fue igual en todo el suelo que pisó.

La memoria volvió poco a poco.

Inmediatamente recordó a los vampiros. Gritó:

– ¡Los voy a matar!

En respuesta, empezó a escuchar risas lejanas, que poco a poco cesaron.

Luego, ¡un silencio sepulcral!

Quería pensar, quería hablar, quería caminar... A su alrededor, ese terrible hedor. Escuchó aullidos que se acercaban.

Su terror era total.

Superior a sus fuerzas para detenerlo, luchando entre la dificultad de moverse y la imperiosa necesidad de protegerse, él también comenzó a aullar. Sus aullidos se mezclaron con otros, cuyo origen desconocía. Los aullidos se desvanecieron en las nieblas que lo envolvían todo, dejándolo solo otra vez.

El dolor, las náuseas y las necesidades persistieron.

Sin embargo, sintió un poco de consuelo al darse cuenta que los aullidos que había escuchado no estaban dirigidos contra él.

¿Qué hacer? ¿A dónde ir?

Quedó completamente desorientado cuando escuchó llantos y lamentos, sin ninguna connotación de ataque.

Blasfemias y malas palabras se mezclaron con los lamentos.

- "¿Quién podría ser?"

Razonó que procedían de pacientes, tal vez en la misma situación que él...

Intentó alguna forma de coalición con "esa gente."

También se le pasó por la cabeza maldecir.

Lo logró.

Cuantas más barbaridades gritaba, y más fuerte las pronunciaba, comenzó a hablar más alto, cuanto más dominio obtenía de su voz.

También sus ojos podían ver ahora más allá: los personajes con los que discutían eran criaturas temblorosas, desfiguradas, con el pelo desgreñado, la piel llena de escamas...

De ellos provenía el mal olor, que ahora aumentaba a medida que se acercaban a él, atraídos por sus gritos enojados.

Luego, en el colmo de su locura, logró dar algunos pasos: se topó con las tristes criaturas que venían hacia él. Al acercarse, notó con disgusto que muchos de ellos tenían heridas de aspecto terrible, lo que era la causa del insoportable olor.

Solo entonces, al vislumbrar sus pensamientos, recordó que él también estaba herido.

Había sido alcanzado por disparos... Disparos...

Tanta perturbación, tanto sufrimiento: fuego que no se extinguió ni destruyó, dolor que no cesó, heridas que no sanaron y sangrado que no cesó, todo esto, ante la vista de aquellas criaturas en descomposición, así como él mismo, le dio una certeza terrible: ¡la muerte! ¡Estaba muerto!

Pasó su mano por las heridas, que llevaban tanto tiempo iguales... ¡No sangraban! Pero tan pronto como pensó en sangre, empezaron a sangrar.

Extremadamente asustado, no pudo evitarlo, y menos aun entender por qué las criaturas, casi todas al mismo tiempo, saltaban sobre él, como fieras.

Las horribles criaturas buscaban lamer su sangre. ¡Fue demasiado!

Lanzando fuertes rugidos, se liberó de los atacantes, en un ambiente de reacción violenta.

Ahora, la mayor ferocidad era suya.

El miedo le dio una fuerza superior a la del enemigo, con la que logró escapar.

¿A dónde?

Siguió adelante, siempre adelante... Tropezando y cayendo, gritando maldiciones a adversarios invisibles, emprendió una difícil caminata, dirigiéndose a lo desconocido.

Tormentas Espirituales

Después de deambular por mucho tiempo, aterrorizado por los gruñidos que escuchaba por todas partes, Clidenor vio un bosque, con pequeños árboles, donde se refugió.

Para llegar allí, se había arañado todo el cuerpo con arbustos secos llenos de astillas.

Dentro de ese bosque había más oscuridad.

En cualquier caso, acamparía, ya que no sentía ningún peligro cerca, al amparo de aquellos extraños árboles, pequeños y negros, a diferencia del verde que deberían haber sido...

Agotado, completamente aturdido y sin darse cuenta de nada de lo que le estaba pasando, se sentó.

Permaneció inmóvil, observando.

Intentó distinguir cualquier movimiento o sonido que revelara la presencia de alguien.

El cerebro se negó a ordenar los hechos. No tenía más preguntas que hacer.

Solo inmovilidad...

Después de unas horas, según sus cálculos, sin pasar nada, decidió investigar el lugar donde se encontraba.

Dio unos pasos, lenta y sigilosamente. No vio nada, no escuchó nada, no pasó nada. Se apoyó contra un árbol y tuvo la desagradable impresión que estaba podrido, pues la corteza se desprendió, desprendiendo mal olor.

Se retiró, disgustado.

No había alternativa: todo era hostil, todo era repulsivo. No había nada que preguntar ni nadie que lo escuchara.

¿Dónde estaba, de todos modos? ¿En el infierno?

Entonces escuchó algo.

Escuchó y miró hacia arriba. No vio nada.

Sin embargo, podría haber jurado que había algo vivo cerca...

Atento, su postura ya no era de miedo sino de combate, de ataque, de caza. Fuera lo que fuese, se arrojaría sobre esa cosa. La furia y la violencia alimentaron su dinámica mental.

Entonces vio: un pájaro muy feo, de color plomo, volaba amenazador sobre su cabeza.

No se movió.

Cuando el pájaro bajó un poco más la altura de su siniestro vuelo, realizó un claro ataque y lo agarró.

Sucedió algo aun más extraño que todo lo sucedido hasta ese momento: el pájaro no tenía peso, no emitió un solo pío; él no debatió.

En un acto que lo situó al nivel del más completo salvajismo, se llevó el pájaro a la boca para alimentarse de él.

Centímetros antes de llegar a la boca, esa extraña presa se diluyó. Pero tenía la sensación que había comido algún alimento.

Otra impresión horrible lo invadió: ¡esa comida tan espantosa había entrado en su cuerpo a través de aberturas imperceptibles cerca del pecho y del abdomen, ¡y no por la boca!

Sintió un inmenso asco, seguido de calambres y vómitos. Pero un hecho increíble: se sintió un poco renovado. Empezó a desear otros pájaros. Mirando hacia arriba, pudiendo ver solo una pequeña altura, quedó conmocionado por lo que vio: muchas otras aves, como la que acababa de "comer", volaban en círculos sobre él, también amenazadoras.

Fue demasiado: el vértigo le hizo perder completamente el conocimiento.

Sin saber cuánto tiempo había estado así, despertó, con su cuerpo siendo brutalmente volteado por varias personas.

Eran los mismos de los que había huido, pero ahora estaban comandados por "guardias" de aspecto cruel.

Intentó escapar, pero esta vez no pudo. Le pegaron mucho. Le gritaron al oído:

- Miserable bandido, ¿sabes lo que nos hiciste?

- Mi hijo murió de una "sobredosis" y la culpa la tuviste tú...

- Perdí a mi esposa y a mis hijos por tu culpa...

- Le robé a mi madre y le dio un infarto; el dinero era para ti...

- Dejé a mi prometida en la miseria y sé que ella ahora sufre, avergonzada; estabas conmigo cuando la policía me atrapó con las drogas que me hiciste pasar...

- Perdí mi trabajo, mi familia y mi vida, asqueroso narcotraficante...

Golpeado y sin poder escapar de la paliza, Clidenor obtuvo, de forma cruel y paradójica, una respuesta a la pregunta principal; ahora sabía dónde estaba: ¡en el reino de los muertos!

La realidad fue aplastante: había muerto, pero seguía vivo, sin poder vivir.

Entonces la muerte era eso: disparos, heridas, vampiros, sombras, malas palabras, frío, hambre, sed, mal olor, bandas vengadoras...

Recordó haber leído en los periódicos algunos de los casos allí mencionados, muchos de los cuales provocaron la muerte de los adictos.

Los reconoció entre los atacantes. Inapelable: ¡estaba muerto! Muerto y sufriendo, muerto y atrapando, vivos y muertos...

Por orden de los guardias, lo ataron y lo arrastraron fuera del oscuro bosque, sin saber si eso era mejor o peor.

No había luz por ninguna partes y el aire era fétido. Después de recorrer una larga distancia, se detuvieron.

Clidenor fue llevado, a trompicones, ante una mujer, quien, sentada sobre un tronco caído, y ordenó:

- ¡Suéltenlo!

Le quitaron las cuerdas y Clidenor pudo identificar mejor dónde se encontraba: era una especie de claro, rodeado de aguas fangosas.

Miró a la mujer y sin ningún esfuerzo comprendió que ella era la líder de esa pandilla.

Con una mirada ardiente, cabello negro y liso que llegaba casi hasta la cintura, una figura esbelta, una nariz ligeramente aguileña, la criatura causaba miedo e imponía respeto.

La mujer dijo, mirándolo profundamente a los ojos:

- Trabajarás para nosotros. Obedece sin hacer preguntas. La más mínima rebelión será castigada con una semana dentro del barro, sin poder salir.

Y dirigiéndose a dos asistentes:

- Llévalo a la cueva.

A Clidenor lo llevaron a un agujero hecho en un barranco y le dijeron que debía permanecer allí hasta que le ordenaran salir. Estaba a punto de decir que tenía hambre cuando una de las criaturas le dio algo parecido a un vegetal, como alimento. No tenía peso ni consistencia.

El joven, tan inteligente, tan fuerte, un líder nato, decidido ante cualquier dificultad, estaba ahora literalmente reducido a poco más que nada.

Él, que tenía tanto poder, a través del dinero obtenido del narcotráfico, en la situación actual no era más que un mero juguete.

Juego de criaturas feas, malolientes, agresivas y crueles.

La compasión era un sentimiento nunca visto en esos lugares oscuros y sombríos.

No tenía la capacidad mental para razonar o incluso entender lo que estaba pasando.

Reducido a un ser sin mando propio, solo podía obedecer.

La cueva en la que prácticamente estuvo preso y en la que tuvo que permanecer hasta que se ordenara o autorizara su salida, fue su triste refugio. Apenas cabía en esa fría habitación. Tenía que permanecer de pie todo el tiempo, ya que no había espacio para sentarse y mucho menos para acostarse. Esta posición pronto lo cansó.

Ya estaba delirando y recién viendo el paisaje oscuro que lo rodeaba cuando vio el barro con el que lo habían amenazado: allí estaban unas criaturas, con solo sus cabezas asomando del líquido viscoso que formaba una especie de lago.

Los sonidos que salían de allí eran temibles: cánticos, maldiciones, blasfemias, crujir de dientes...

Miró, con disgusto, la verdura que le habían dado como comida que hasta ese momento no había podido comer. Eso no era comida, era una pasta pegajosa y de aspecto desagradable. El hambre habló con más fuerza. Se lo llevó a la boca y allí se repitió la horrible experiencia del pájaro: cuando se acercaba a la boca se convertía en humo, de tonos oscuros y rojizos, entrando a su cuerpo, por aberturas invisibles en el pecho y la región abdominal. Superando el disgusto, recordaba parcialmente la experiencia.

Como con el pájaro del bosque oscuro, descubrió que su hambre había disminuido.

De alguna manera revitalizado, su odio por todo y por todos los que lo rodeaban creció.

Aborrecido, después de pasar tantas horas en esa incómoda posición, fue forzado a salir. Con mucho esfuerzo logró salir de ese hueco. Apenas había dado unos pasos cuando fue sorprendido por un gran alboroto. Criaturas detestables, apostadas en aquel lugar, de servicio, comenzaron a gruñir y saltaron ferozmente sobre él.

Fue dominado y llevado a la fuerza ante la presencia del líder de aquella terrible banda.

¿Era de noche?

¿Era de día?

¿Cómo lo sabría si no pudieras ver nada más allá de unos pocos metros más adelante?

Además del aire viciado y nauseabundo, la luz era suficiente solo para que pudiera ver las figuras.

Ni siquiera las fisonomías fueron perfectamente vistas o identificadas.

Solo la jefa, esa mujer que tenía sangre y fuego en los ojos, dejaba entrever su rostro.

– Entonces, ¿fugitivo y desobediente?

Con sarcasmo y superioridad se dirigió a Clidenor, fuertemente sujeto por dos "guardias de seguridad."

– Responde, ordenó.

Clidenor fue abofeteado por cada guardián.

La ira, la revuelta y la venganza formaban un panel oscuro que bailaba en su cerebro.

– ¡Contesta o te arrepentirás, miserable narcotraficante!

Nuevas bofetadas.

Con un esfuerzo sin precedentes, se sacudió, tratando de liberarse de las manos que, como verdaderas tenazas, comprimían sus brazos.

En vano.

Ante la total impotencia que sentía, sus piernas comenzaron a doblarse.

Los dos brutos lo pusieron de pie, manteniéndolo a la fuerza en esa posición.

Completamente indefenso, con el espíritu hirviendo de ira, miró a su jefe y solo pudo tartamudear:

– No quería huir...

– ¿Qué querías entonces?

– Libertad de circulación.

– ¿Libertad? ¡¿Libertad?! Estás delirando. Eres mi esclavo y durante mucho tiempo solo realizarás trabajos forzados.

– ¿Qué trabajo?

Apenas terminó la pregunta recibió tremendas bofetadas, indicando que allí estaba prohibido interrogar; cuanto menos, peligroso.

La mujer se dirigió a los dos "guardias":

– Diez azotes al día, durante los diez días que estará en el juzgado.

– Tribu...

Clidenor tartamudeó y no terminó la pregunta, ya que rápidamente aprendió que pedir era lo mismo que pedir bofetadas, mucho más humillantes que dolorosas. Aun así, obtuvo la respuesta que quería:

– Ya lo verás, pronto lo verás.

La mujer de ojos ardientes se rio, rezumando lujuria y odio, que resonó siniestramente por toda la zona.

Lo llevaron al llamado "tribunal": el pozo de barro fétido.

Antes de eso, recibió su "primera ración", como dijeron los matones, que lo azotaron diez veces.

Nuevos tormentos, nuevos dolores, más revuelta, más odio. Éste es el panorama mental de Clidenor.

Había perdido por completo la noción de la realidad, el tiempo y el espacio.

Prisionero en el barro, no estaba solo: otros desafortunados, que se autodenominaban "deportados del destino", sufrieron los mismos horrores.

Durante los diez días que le ordenaron permanecer en el "tribunal", solo salió una vez al día: para recibir diez azotes.

En el cerebro solo reverberaba el odio.

De hecho, su capacidad mental se redujo a menos de una décima parte, todo el resto de potencial, inconscientemente, estaba dirigido a la supervivencia.

La venganza se convirtió en una idea fija, que de alguna manera le dio la fuerza para sobrevivir.

No sabía cuándo, dónde ni cómo se vengaría de todos aquellos verdugos: pero sabía que lo haría; Solo lo pensé.

Se obsesionó tanto con el odio y la venganza que se volvió insensible al dolor, el hambre, la sed y el sueño.

De forma absolutamente inexplicable, unas porciones de humo negro flotaban sobre su cabeza; de hecho, grupos de larvas psíquicas entraron en su cuerpo tan pronto como pensó en alimentarse, aliviando así sus necesidades de mantenimiento. Ya no le daba asco aquel horrible proceso de alimentación, lleno de magnetismo sintonizado con la pista de sus infelices pensamientos.

Al contrario: empezó a desearlo cada vez más y notó, con sorpresa, que en cuanto pensaba en el odio y la venganza, nuevos "alimentos" aparecían en él, entrando en su cuerpo por aberturas invisibles.

Una vez finalizado el castigo, exploró los alrededores de aquel lugar, atado a otros "compañeros", bajo constante vigilancia y azotando a todos, desalentando cualquier intento de fuga, que estuvo siempre presente.

Dedicaba un tiempo indeterminado, tal vez meses, incluso años, a estas tareas, destinadas a recolectar para sí algo de alimento, natural de aquellos pantanos, sin saber si era de día o de noche, porque había tanta niebla.

Hasta que un día recibió la orden de acompañar una caravana, que iba a recoger otro tipo de víveres, los destinados a los "administradores", como se llamaban los guardias.

Su mente estaba única y exclusivamente centrada en la venganza. Estaba más o menos fortalecido, el dolor solo regresaba cuando pensaba en ello, las heridas solo sangraban cuando él también los recordaba.

Aprendió a controlar sus pensamientos, de hecho, realmente no le quedaba espacio mental para otras formulaciones, aparte del odio y la venganza.

Hablar, no pensar: solo mirar a los guardias le daba "porciones extra de educación", como decían, cuando lo azotaban.

Sin decir nada, sin mirar directamente a nadie, siempre estaba siendo abofeteado.

Sin embargo, no pudieron impedirle pensar. Esta certeza llevó poco a poco a su mente a idear nuevamente planes, aprovechando lo que las circunstancias podían ofrecerle.

Como un depredador, esperó pacientemente a que los hechos le fueran favorables.

Con un grupo de otros diez "exiliados del destino", bajo el mando de dos brutales guardias, se dirigió hacia el objetivo, cuya dirección desconocía por completo.

Caminaron un largo camino hasta que todos entraron a un extraño túnel, rodeados externa e internamente por nieblas grises, tomados de la mano, como lo expresaron con determinación.

Continuaron caminando dentro del túnel durante varias horas, no podría decir cuántas. Poco a poco el terreno se fue haciendo más duro.

Gran alivio, sentir tierra firme, después de una eternidad de caminar sobre barro o fango.

Siguieron caminando, siempre tomados de la mano, todos. Se vio una luz vaga, a lo lejos, ahí es donde iban.

Le encantó.

Después de caminar un largo trecho, de repente identificó dónde estaba: ¡en una calle, iluminada!

Después de tanta angustia, de tanto dolor, de tanta oscuridad, consideró que llegaba al paraíso.

El grupo siguió marchando sin que nadie dijera nada.

Todos caminaban a paso forzado, como si caminaran con zapatos de plomo.

Qué extraño era todo, pensó si estaba en una calle, también estaba en una ciudad; si las farolas estaban encendidas, entonces era de noche; ¿Cómo habían llegado allí? ¿Por qué las pocas personas que caminaban por ahí no los vieron, ya que pasaron "por dentro" de algunos de ellos, sin siquiera ser notados?

Como un rayo, la respuesta a todas esas dudas entró en su espíritu: aquella caravana estaba formada por "no-muertos" y se encontraban en una ciudad de "vivos-vivos."

Aumentando su capacidad visual, debido al brillo de las lámparas, se sorprendió al identificar a sus desafortunados compañeros: todos eran adictos, a quienes había "suministrado" drogas...

Solo ahora, después de tanto tiempo, pudo ver todo con normalidad. También fue identificado por ellos.

Solo la brutalidad de los guardias logró imponer disciplina al grupo, pues Clidenor fue brutalmente atacado por los "colegas."

Otro espacio cubierto, el grupo se detuvo en la puerta de un edificio con la fachada completamente iluminada. Hubo un gran movimiento de gente entrando. Del interior surgieron sonidos estridentes.

Un cartel luminoso decía:

Diskotek Buen Viaje

No fueron necesarias explicaciones: el que quería "viajar" simplemente entraba.

El líder del grupo reunió a sus subordinados, en un círculo, como si se tratara de un entrenador deportivo dando las últimas instrucciones antes del inicio del partido:

– ¡Que nadie me desobedezca!

Señalando a Clidenor y a otros dos, continuó:

– Los novatos tendrán que quedarse con los niños "caracol" [4] todo el tiempo, soplándoles los oídos para consumir cada vez más drogas. Cuando los tontos estén bien "orquestados", llámenme.

Imperativo, continuó:

– En cuanto a los veteranos, solo hay una orden: recoger la mayor cantidad posible del "producto" - sustancias vaporosas etílicos o tóxicas que los adictos liberan por la boca y la nariz -, en sus bolsas.

Clidenor, fragmentariamente, pudo coordinar los hechos: esto estaban al lado de personas encarnadas, que no los notaban, lo cual fue genial ventaja; el objetivo era recolectar algún material, que sería utilizado por la pandilla

---

[4] N.E: Encarnados, en el desafortunado lenguaje espiritual.

liderada por la mujer "ojos de fuego." Estaba pensando en estas cosas cuando sucedió algo inesperado: otro grupo, también de espíritus desencarnados, con propósitos similares, llegó a la entrada. El grupo estaba formado por cuatro tipos que tenían mal aspecto.

Tan pronto como el segundo grupo se detuvo, el líder del equipo de Clidenor gritó:

– Salgan de aquí ya, porque este lugar ya tiene dueño.

Combinando acción con palabras, avanzó ferozmente hacia los recién llegados, atacándolos.

La pandilla ayudó, instintivamente.

Los "tardíos", superados en número, fueron dominados y terriblemente humillados: tuvieron que tumbarse boca abajo, lamer el suelo y disculparse. Luego los ahuyentaron, como perros malditos.

Clidenor se alegró de ello. El resto también.

Entraron al salón.

La música aguda resonó por toda la habitación.

Tristeza de tristeza: jóvenes, de ambos sexos, de edades comprendidas entre catorce y diecisiete años, contorsionaban sensualmente sus cuerpos, al son de la música.

El ritmo rápido exigía un gran esfuerzo físico y elasticidad.

Fue entonces cuando Clidenor recibió una gran sorpresa: muchos de aquellos jóvenes, sin cesar en sus movimientos espasmódicos, inhalaron un polvo blanco.

El especialista en drogas lo diagnosticó como cocaína.

Sus cómplices iban de joven en joven, induciéndolos a consumir el polvo.

Al ver la mirada del jefe sobre él, Clidenor también salió para cumplir órdenes.

Eligió una pareja que, a diferencia de los demás, bailaba lentamente, abrazados. La pareja no consumía drogas y aparentemente tampoco las querían. Los dos estaban enamorados y disfrutaban estar juntos.

Clidenor se acercó al chico y casi le acercó la boca a la oreja:

- Maldita sea... maldita sea... maldita sea... intenta... intenta... pruébala... - repitió innumerables veces.

Siguió el ejemplo de lo que hacían sus cómplices, junto a otros jóvenes.

Hizo lo mismo con la chica.

Ya casi se daba por vencido cuando uno de sus cómplices, actuando sobre un chico al lado de sus novios, le dijo al oído:

- Ofréceles algo del tesoro... ¡ofrécelo! Señaló a la pareja que Clidenor estaba intentando en vano atraer la droga.

Tan pronto como se hizo la sugerencia, el chico se acercó a la joven pareja e, interrumpiendo su idilio, les ofreció una dosis de placer, de luz, de éxtasis...

La pareja inicialmente se negó, pero como la oferta fue gratuita y sistemática, bajo la influencia del otro espíritu, la chica se debilitó. Llevándose aparte a su novio, le dijo en tono simpático:

- Intentemos. Es solo un poquito. Solo una vez...

- ¿Qué? ¿Sabes lo que podría pasarnos?

- No, no sé. Por eso creo que deberíamos tomar solo un poco.

- ¿Y si nos volvemos adictos?

– No hay peligro, amor...

– Tengo miedo.

– Siempre quise probarlo para ver qué siento. ¿Alguna vez has querido hacerlo?

– En realidad, también tengo mucha curiosidad al respecto...

– Entonces aceptémoslo. Pero no te olvides: es solo por esta vez...

Clidenor, exultante, exclamó en sus oídos:

– ¡Deténganse!

Y así, antes de terminar aquel baile, la pareja había probado drogas, empezando por la cocaína.

El joven que ofreció la primera dosis de polvo también prestó el equipo para su consumo.

Escondido en el pañuelo, el paquete se tragaba por las fosas nasales, la mitad para cada novio.

Los dos cambiaron el ritmo de baile: de manera histérica, rayando en la locura, giraban, se contorsionaban y realizaban pasos completamente inapropiados...

No pasó mucho tiempo hasta que ambos empezaron a sentirse mal.

Antes que se desmayaran, el líder del equipo de Clidenor se acercó a ellos y les metió brutalmente los dedos en la boca, extrayendo de allí una especie de chicle blanquecino.

Procediendo así, al poco tiempo llenó un pequeño recipiente con aquella pasta viscosa.

La joven pareja se desmayó, siendo llevada por guardias de seguridad, quienes los subieron a una camioneta y se los llevaron de allí, quedando abandonados en una plaza pública, a esa hora desierta.

La caravana de Clidenor recibió la orden de retirarse, ya que las bolsas ya estaban llenas.

Se tomaron de la mano y comenzaron a caminar. Pronto, el camino comenzó a volverse borroso, con las luces disminuyendo a medida que avanzaban en esta desastrosa marcha. Era el viaje de regreso.

"Regreso al infierno" - pensó Clidenor.

Granos de Luz

Mucho después, el grupo llegó a la base.

Clidenor odiaba ese lugar, esas criaturas, ese olor.

Pensando solo en sí mismo, no se daba cuenta que allí nadie era feliz: por mucho que él lo fuera, a todos les desagradaba el lugar y la vida que llevaban.

Vida irónica, la que les impuso la muerte...

La mujer de ojos de fuego los esperaba ansiosamente.

El jefe de la visita dio cuenta y le entregó la siniestra colección. Al probar esa cosa, una especie de baba, mostró deleite.

– "Así que eso fue todo – pensó Clidenor –, esta sustancia que surgió de los jóvenes proporciona a estas personas el mismo placer que las drogas..."

Realizó decenas de otras excursiones.

Siempre con los mismos objetivos y resultados.

Se convirtió en un experto en inducir a los no adictos al infeliz mundo de las drogas. Lejos de arrepentirse, pues conocía el resultado de esa forma de proceder, al encarnar, ahora, sin los rigores de la ley ni la represión de la Policía, lo hizo por venganza, queriendo que más gente fuera infeliz. Razonó: si no puedo ser feliz, cuanta más gente pueda hacer infeliz, mejor...

En cada emprendimiento, tomó parte de lo que se recaudó para él. Esta impresionante forma de mantener su adicción, tras cruzar la frontera de la vida física, se convirtió para él en lo más natural. Lo hizo sin la menor vergüenza, sin la más mínima consideración hacia los jóvenes a los que, a su vez, logró esclavizar.

- "¿No era un esclavo? Quién sabe, tal vez estos idiotas pronto hagan el viaje a la oscuridad, como lo hice yo, y aquí quizás pueda formar mi propio grupo de esclavos."

Poco a poco su capacidad de razonar empezó a recuperarse, al igual que su memoria.

En él, las ideas de odio insensibilizaron su espíritu a cualquier otro sentimiento.

Ideó mil formas de vengarse.

No tenía aliados. Consideraba a todos sus enemigos naturales.

Después de tanto repetir los hechos y tormentos, hacer observaciones, recordó que apenas llegó al "infierno", unos seres horrorosos se lanzaron sobre él, queriendo chupar la sangre de las heridas provocadas por los disparos; también recordó el extraño pájaro que le sirvió de primer alimento desde que llegó allí, y la gran cantidad de ellos que fueron "absorbidos" por todos; después siempre le daban a comer ramas podridas sin que allí se plantara nada; el agua que bebía, sucia y salobre, procedía de un pequeño manantial que nunca se secaba... pero lo mejor de todo eran aquellas excursiones, en las que, como compañero invisible de los desdichados sobre los que mantenía control mental, satisfacía su adicción y además, revivía sensaciones libidinosas...

Principalmente, concluyó que el pensamiento, en aquellos lares, era una fuerza creadora, muy poderosa, capaz de reabrir heridas, pero también suficiente para detener la sed, el frío y el propio hambre, siempre que estuviera alimentado por el odio y la venganza.

Razonó de manera elemental: si el pensamiento crea pájaros, troncos podridos, aguas contaminadas, objetos, también debe crear armas, porque ¿de dónde sacaron estos asquerosos guardias sus látigos y sus armas? ¿Los contenedores que se utilizan cuando viajaban?

Manteniendo su pensamiento fijo en la venganza contra sus esclavizadores, sin desviarse ni un momento de ese objetivo, por fin vio llegar la oportunidad que había estado esperando: en cierto viaje, de camino, teniendo tiempo para pensar, ya que su conducta de estudiada obediencia le ahorraba mayores molestias, comenzó a recordar hechos. Apenas había entrado en esa pantalla mental, recordando cuándo, cómo y dónde lo mataron, cuando una figura invadió su cerebro: ¡Salesio! Salesio, traidor y cobarde, que no le había hecho más que daño desde que lo conoció: él era el culpable de todo lo que le estaba pasando. ¡Lo odiaba!

Lo odiaba mucho más que a aquellos idiotas que lo esclavizaban.

¡Oh! Si pudiera atrapar a Salesio...

- ¿Dónde estaría? ¿Dónde estaba ese desgraciado?

Inmerso en estos tristes pensamientos, se dio cuenta que habían llegado cerca de su destino.

Pero esta vez sucedió algo inesperado: se enfrentaron a otra pandilla, numéricamente igual a la que pertenecían.

Era inevitable que se unieran...

Para asombro de ambos grupos, Clidenor se puso del lado del grupo contrario y con éste también se pusieron del lado varios de sus "colegas." Lo que siguió fue rápido:

victoria de los desconocidos, con el proverbial y nunca esperado refuerzo.

Sus antiguos esclavizadores fueron enviados corriendo, llevándose a los pocos sumisos que habían venido con ellos.

El líder del grupo ganador miró con curiosidad a Clidenor, cuyo liderazgo ni siquiera necesitaba ser proclamado, era tan obvio.

Su sorpresa fue inmensa cuando se reconocieron: en efecto, Clidenor estaba cara a cara con su amigo, "viejo conocido", uno de los tuareg; es decir, uno de los secuestradores. ¿Dónde estaba el hermano?

Esperó a ser atacado violentamente.

Casi se arrepintió de haber cambiado de bando: se había librado de un criminal para caer en manos de otro peor. Se perdió...

Hizo lo mejor que pudo para no mostrar alegría cuando vio que el "nuevo jefe" le tendía la mano, casi saludándolo cordialmente:

– Entonces amigo, siempre aparece el que está "muerto", ¿no?

– Y...

– Trabajemos juntos de nuevo...

– Sí...

– Hay mucho que hacer. La conversación quedará para más tarde.

Clidenor, transformado en asistente directo de un líder que conoció "en dos vidas", pero cuyo nombre había olvidado, comenzó a acompañarlo en excursiones similares a las de la banda de la mujer de los ojos de fuego.

Con el paso del tiempo se supo que la Policía había sorprendido a los dos hermanos, poco después de recibir el rescate de la hija de Salesio, eliminándolos.

Geraldo, el que ahora hablaba con él, dijo que el otro, Júlio, había venido con él a estas tierras podridas, pero después de un tiempo juntos, se fue...

- ¿Se fue? ¿A dónde?

- ¿Quién sabe?

- ¿Cómo así? ¿Cómo fue?

- Júlio se puso a llorar, un buen día. Estuvo gritando durante una semana, pidiendo que alguien lo ayudara. Luché con él, porque pidió que yo también fuera ayudado, poniendo así en peligro nuestra supervivencia aquí. Fuimos localizados por inmundos vagabundos, quienes nos robaron y torturaron, hasta que logré imponer mi liderazgo a más de la mitad de ellos y así comencé a liderar a toda la pandilla. Júlio no podía dejar de llorar. Él comenzó a orar, como si fuera una mujer bendita. Entonces...

- ¿Qué?

- Sucedió algo extraño: íbamos de excursión cuando una cuerda iluminada apareció de la oscuridad que nos rodeaba y nos envolvió...

- Mmm...

- ¿Tú no crees? Bueno, sepan que la cuerda se desmoronó, transformándose en una gran manta que lo "envolvió" y lo llevó por el aire...

- ¿Y después?

- Nunca más lo volví a ver.

Clidenor intentó ordenar sus pensamientos. Cuanto más claras eran sus ideas, más disgusto sentía por los lugares donde vivía y de los que no veía cómo salir.

Hizo muchos viajes con la pandilla de Geraldo.

Algún tiempo después, teniendo ya plena confianza en él, pasó a ser segundo al mando.

En las excursiones satisfacía sus necesidades de drogas y como también había sexo irresponsable y salvaje, disfrutaba de esas sensaciones, siempre en colaboración con agentes encarnados desprevenidos.

De mutuo acuerdo con Geraldo, acordaron una excursión diferente: irían a casa de la mujer de ojos de fuego, para vengarse.

Gerardo preguntó:

– ¿Qué beneficio podríamos tener yendo allí, además de tu venganza?

– Hay buen material abastecido, así como otros esclavos.

– ¿Dónde queda?

– No lo sé, pero aprendí que por aquí, sin entender el mecanismo, para lograr algo hay que concentrarse en ello.

– No tenemos nada que perder. Vámonos entonces.

Se pusieron en camino sin saber qué dirección tomar. Clidenor estaba al frente de la pandilla, concentrado en la venganza que tomaría contra la mujer y sus secuaces, que lo habían esclavizado durante tanto tiempo.

La pandilla se alegró porque había una promesa de un tesoro que sería compartido con todos. Pintando con colores fuertes en su mente los ojos de aquella mujer, Clidenor, recordando todas las humillaciones y maltratos recibidos bajo sus órdenes, no tardó en ver su lugar.

Ocho guardias controlaban a unos cincuenta esclavos, la mitad de los cuales estaban sumergidos en el "patio."

Se intuyó su llegada, pues los guardias comenzaron a maldecir y gritar, pero todos los actos de defensa fueron inútiles, pues la banda de Clidenor estaba preparada y en número mucho mayor.

Al liberar a los torturados del "tribunal", Clidenor se ganó su obediencia tácita. Aullando de asombro y de placer, se acercaron a él, inclinándose.

Con autoridad, dio la primera orden:

– Obedezcan y serán bien pagados.

Al llegar a Geraldo, Clidenor dijo:

– La mujer es mía. El resto depende de ti.

– De acuerdo.

Al entrar en el edificio que servía de "oficina del jefe", la encontró tendida sobre amplias sábanas, inmóvil.

Cualquiera que viera la escena se sorprendería: Clidenor y su esposa tenían brasas en lugar de ojos...

La mujer no se movía porque padecía un delirio agudo, provocado por una "sobredosis" de esa sustancia, que llenó varios recipientes a su alrededor.

Clidenor se acurrucó junto a la mujer y presionó su frente contra la de ella, haciéndola despertar sobresaltada.

Con la fuerza que le daba el odio, Clidenor sometió a la pobre criatura y la llevó él mismo al tribunal, donde la arrojó brutalmente.

Llamó a dos asistentes y determinó:

- ¡Ella solo se irá cuando yo lo autorice!

Geraldo y otros recogieron todo el material que allí había, instalándose en la sala recién conquistada.

Todos los días la mujer era torturada, de la misma manera que Clidenor lo había sido, en los primeros diez días en ese lugar, un triste recuerdo.

Sin embargo, estaba agotado por el atroz sufrimiento, y como hacía tiempo que pensaba en cambiar de vida, cambió la constante de sus pensamientos: inicialmente, al ser dominada y torturada, solo quería vengarse de Clidenor; sin embargo, con el paso de los días, algo le dijo dentro de su alma que vengarse solo haría que todo volviera a suceder; no, eso no podía continuar, tenía que haber una manera de deshacerse de ese ambiente; en las brumas del pantano en el que se encontraba, escuchó una voz, sin saber si era de día o de noche, ni de dónde venía la voz, sugerencias de pedir perdón a Dios y perdonar a todos los que estaban allí... Sin ninguna expectativa de felicidad, considerando que lo único que le esperaba era un futuro de más dolor y más angustia, levantó las manos y en un gesto que nunca antes había hecho,

Según su memoria, pensó:

- Dios mío, Padre mío: He cometido tantos errores, he sido tan malvada, que hasta pienso que Tú, Señor, ni siquiera me escucharás...

Lágrimas espesas, nunca vistas en esos ojos rojos, suavizaron el color rojo y empezaron a brillar, de verde como tiernos guisantes...

Continuó pensativa:

- Estoy en el infierno, lo sé, y por eso no hay ángeles por aquí; le ruego a alguien, no tiene que ser un ángel, que me ayude a ir a otro lugar, donde el mal es menor y el dolor es más llevadero...

Recordando las voces:

– Solo la madre del peor criminal lo perdona, y por eso le pido a mi madre que me perdone; sé desde hace mucho tiempo que morí, sin encontrar la muerte, y como mi madre también murió antes que yo, quién sabe, ¿tal vez Dios la escuche?

Llorando convulsivamente llamó la atención de los guardias que llamaron a Clidenor para decidir qué hacer.

Sin creerlo, Clidenor vio que la mujer de ojos de fuego ahora era una mujer de ojos esmeralda, tan verdes eran sus ojos brillantes, mirando hacia arriba, como si allí estuviera el cielo...

En ese momento la mujer pensó:

– Mamá, pídele a Dios que me perdone. ¡Y dile que, por mi parte, perdono a todos los que me hacen tanto daño! Un relámpago cruzó aquellos parajes, iluminando el cielo permanentemente nublado.

Una luz sinuosa, como una cuerda lanzada desde arriba, surgió de la nada y entró en el lago, rodeando a la mujer que, con las manos en alto, seguía llorando.

Todos los que estaban en ese lugar, aterrados, se habían tirado al suelo, asustados por el rayo de luz que aun brillaba.

Clidenor vio desmayarse a la mujer al quedar envuelta en aquella cuerda, que poco a poco se fue transformando en una manta luminosa, que cargándola comenzó a subir, subir, hasta desaparecer...

La luz también se había apagado.

Geraldo, completamente atónito, se acercó a Clidenor y le dijo:

– Fue así con mi hermano...

Insensibles al maravilloso espectáculo celestial que habían presenciado, Geraldo y Clidenor comenzaron a excomulgar a los "ladrones" que habían secuestrado a Júlio y a su esposa, respectivamente.

Clidenor pensó:

– Necesito saber quiénes son estos ladrones y cómo operan; Geraldo dice que a su hermano lo llevaron así; debe haber algún secreto, que urgentemente tiene que ser también el mío.

Con el paso de los días, Clidenor se volvió aun más brutal con sus subordinados, aunque no era el jefe principal, quienes comenzaron a temerle también.

Era inevitable que el objeto de sus pensamientos fijados en la venganza le condujera de nuevo a la figura de Salesio.

– "Salesio – pensó –, ese sinvergüenza que me destruyó; ¡ah! si pudiera estrangularlo..."

De mala gana, notó que sus heridas volvían a sangrar y le dolían mucho. El dolor, lejos de calmarlo, lo enfureció aun más.

Geraldo, manejando la nueva zona que su banda había conquistado, y teniendo tantos asistentes y esclavos, pensaba en grandes estafas.

Estaba pensando en un nuevo ataque que rendiría mucho, cuando se acercó Clidenor:

– Geraldo: algo me dice que hay un tipo que nos puede pagar mucho.

– ¿En serio?

– Salesio...

– Pero, ¿dónde lo vamos a encontrar?

– No sé. Pero si lo buscamos, lo encontraremos.

– Necesito encontrarlo, porque estas heridas solo sanarán cuando me vengue de él que me mandó matar.

Apretando los dientes, habló con avidez:

– Es un tipo muy rico. Si es estúpido, nos convertiremos en "socios" de él, como en las excursiones que hacemos.

Mirando fijamente a Geraldo, suavizó la voz:

– Su hija... me gusta. Quiero verla...

– Mmm... ¿enamorado?

– ¿Estás loco? Simplemente extraño verla.

Se dirigieron al borde de la "cancha" y se quedaron allí horas y horas, pensando en Salesio.

Clidenor tenía ideas de venganza. Geraldo, de la avaricia. Decidieron que solo había una manera de encontrar a Salesio, pero en el camino, esta vez solo ellos dos.

– ¿A dónde?

No lo sabían con certeza, pero sus pensamientos actuarían como una brújula, como de hecho siempre sucedió.

Cuando encontraban el objetivo, hacían una evaluación y luego convocaban a toda la pandilla para un asalto importante.

Emprendieron un viaje siniestro, yendo en busca de Salesio. Caminaron, perdidos, muchas distancias. En el camino se encontraron con bandas de criminales, pero gracias a su fuerza y al poder de pensamiento lograron repelerlos. ·

Siguieron caminando, yendo juntos, en diferentes direcciones.

Hasta que, exhaustos, se detuvieron y empezaron a reflexionar sobre todo, imaginando que se estaban volviendo locos.

Frustrados, ahora tenían una razón más para odiar a Salesio, que los estaba burlando.

Las heridas de Clidenor y Geraldo habían empeorado y eran muy dolorosas.

Cuando el dolor se volvió casi insoportable, ambos comenzaron a maldecir y a aullar, como animales atrapados en crueles trampas. Todo su odio se dirigió hacia un punto: Salesio.

Sintiéndose enloquecidos de dolor, vieron acercarse una extraña niebla; parecía como si un humo espeso viniera hacia él; una llovizna comenzó a caer sobre ellos; sin embargo, en lugar de gotas de agua, eran salpicaduras de barro; al tocarlas dichas salpicaduras se disolvían y desprendían mal olor; la niebla los envolvió por completo y sin que pudieran explicarlo, se dieron cuenta que se movían.

Sin darse cuenta de lo que estaba pasando, el terror los visitó. Como defensa, solo podían maldecir y gritar ensordecedoramente. Al carecer de un enemigo visible, Salesio era fácilmente objeto de su ira.

Clidenor y Geraldo se tomaron de la mano instintivamente, como si uno pudiera proteger al otro.

El tiempo de viaje fue corto.

Esa fuerza invisible que los transportaba pronto cesó, y ambos fueron arrojados brutalmente a una especie de claro, rodeado de vegetación pegajosa.

Habían llegado.

– ¿A dónde?

Supieron que habían llegado porque la fuerza que los impulsaba había cesado por completo, la niebla en la que se encontraban viajado, como si estuviera fuera del vehículo.

Clidenor analizó:

– Creo que el bandido Salesio debe estar cerca.

Tenía una mirada de cálculo y comentaba radiantemente con Gerardo:

– Si no me equivoco, él también viajó...

– ¿?

– ¿No te das cuenta: estamos en estos suelos podridos, con esos arbustos pegajosos y malolientes que lo rodean todo; esto es un infierno y como buscamos a Salesio y terminamos aquí es porque él también...

No terminó la frase.

Oyeron lamentos. Localizaron la dirección y se dirigieron allí. Lo que vieron los dejó asombrados:

Enrollados en grandes billetes, ya bastante deshilachados, Salesio luchaba, como si intentara liberarse de una serpiente que lo apretaba. El dinero que lo cubría iba desapareciendo lentamente.

A cada momento caía un pedacito de los billetes. Salesio, furioso, agarraba el trozo desprendido, intentando volver a pegarlo de donde había caído. Sus ojos demostraban claramente que estaba bajo el control de la "locura." No podía mantenerse en pie: múltiples fracturas se lo impedían.

Junto a él se encontraban otros tres desafortunados.

Eran los esbirros, de la banda narco, dos de los cuales habían matado a Clidenor y el tercero, el "contacto" que lo visitó en la cárcel cuando fue detenido. Los tres habían sido eliminados por otra banda narco, en una disputa por áreas para ejecutar el crimen. Estaban allí en sintonía vibratoria con Salesio.

Clidenor los reconoció.

Salesio, en su continuo delirio, lo vio. El grito que dejó escapar resonó lúgubremente;

– ¡Miserable!

– ¡Miserable!

Se arrastraron, rodando por el suelo fangoso, como si fueran reptiles reales.

Clidenor pensó que podría acabar fácilmente con Salesio, ya que estaba atado con dinero y tenía el cuerpo destrozado.

Se equivocó: el exjefe, aunque con fracturas, tenía un poder de succión desconocido y en breves momentos Clidenor quedó como pegado a él.

No podía moverse.

Pero Salesio también quedó inmovilizado.

Rodando por el suelo, en una extraña simbiosis, con sus cuerpos pegados, esos dos enemigos presentaban un espectáculo patético.

Solo que no se les había escapado la voz: se maldecían unos a otros, usando las peores malas palabras. Gritaron, aullaron, aullaron, gritaron miles de amenazas...

A pesar del enorme esfuerzo que hicieron para liberarse de esa camisa de fuerza invisible, no lograron separarse. Ambas heridas quedaron expuestas.

Los secuaces de Geraldo y Salesio, atónitos ante el aterrador cuadro que vieron, intentaron, en vano, separar a los dos enemigos.

Todo eso era increíble: esos dos enemigos querían tanto encontrarse, vengarse de ambos, y ahora que estaban tan cerca, no podían hacer nada. Formaban un conjunto aterrador, como si fueran dos momias inseparables.

Oscuros aullidos anunciaron que se acercaba una jauría de animales feroces.

De allí huyeron el compañero de Clidenor y los desgraciados compañeros de Salesio, rayando también ellos en la locura.

Los animales rechinaban los dientes, como hienas, rodearon a Clidenor y a Salesio. En cualquier momento atacarían.

Sin poder ahuyentar a los animales, a punto de saltar sobre ellos, el esfuerzo mental al que eran sometidos sus espíritus provocó un "cortocircuito" cerebral.

El odio, la venganza, el miedo y el pavor, mezclados, produjeron en aquellos dos espíritus sufrientes un terrible shock, que les quitó la razón y la conciencia.

Se desmayaron.

Estaban "locos", según los estándares terrenales.

Según las normas espirituales, la divina providencia suspendió su discernimiento y libre albedrío, temporalmente, para beneficio propio.

De ahora en adelante, serían controlados por mecanismos obligatorios de evolución, prescritos en la Ley del Progreso.

Cosecha de Dolor

El verdadero Centro Espírita es un ambiente humilde, sin aparatos, imágenes, rituales ni ostentación. La existencia de uno solo de estos factores distorsiona el ambiente y aunque tenga el nombre de "Centro Espírita", en realidad no lo es.

Como actividad principal, todo visitante del Centro Espírita debe dedicarse al estudio de la Doctrina Espírita. He aquí, a partir del estudio sistemático del Espiritismo, codificado por Allan Kardec, a través de cinco obras básicas, y otras obras doctrinarias, de autores encarnados y desencarnados, la explicación de prácticamente todos los acontecimientos de la vida.

Cuanto más unidos estén estos asistentes, más en sintonía estarán con los espíritus protectores. Así, la posibilidad de asistencia espiritual será mayor para las personas encarnadas y especialmente para las desencarnadas, que acuden allí en estado de necesidad.

Para los encarnados, tal asistencia nunca presupone la solución de los problemas, sino más bien la comprensión de sus causas, fortaleciendo así la capacidad de apoyarlos. A menudo la criatura se encuentra en una crisis existencial temporal, basta con el apoyo de una palabra amiga. Otras veces, aprovechando el ambiente tranquilo del Centro Espírita, la persona encuentra allí fortaleza espiritual en sí misma, despertada por el pase caritativo y sencillo.

Imbuida del deseo de promover la auto reforma de sus tendencias, tan recomendadas allí, al principio también encontrará alivio de la presión a la que estaba sometida. No tardará mucho en encontrar la solución al problema, porque primero se encontró a sí misma.

En cuanto a los desencarnados, el nivel de servicio es diferente: movidos por el amor, personas de buena voluntad, de probada mediumnidad, se reúnen en un día y hora predeterminados. Contritos y confiados en el Evangelio de Nuestro Señor Jesucristo, acogen, por medio de la mediumnidad, a los espíritus infelices, traídos allí por los mensajeros celestiales. La simple oportunidad de presencia y palabra que ofrecen a estos espíritus ya los contempla con baños fluidicos, abundantes en los espacios dedicados al bien, adoctrinando a los pacientes, escuchando sus quejas y desgracias, recomendando la oración y la práctica, en la medida de lo posible, de las enseñanzas evangélicas, máxima de perdón.

El Centro Espírita que Clidenor frecuentaba desde hacía algunas semanas, por invitación de Julieta, realizaba reuniones de estudios doctrinarios varios días de la semana. Hubo grupos de estudio para adultos, jóvenes y niños.

Reuniones mediúmnicas, dos veces por semana: los lunes había una reunión en la que parte de los componentes estaban formados por médiums experimentados y parte por personas que necesitaban y deseaban sinceramente educarse en su mediumnidad; los jueves, al encuentro asistieron un número menor de médiums, pero estos con mayor conocimiento del Espiritismo y experiencia en materia doctrinaria.

El principal objetivo de las reuniones mediúmnicas era la práctica de la caridad hacia los desencarnados, aun envueltos en sufrimientos, casi siempre provocados por el desconocimiento de las leyes divinas.

Los asistentes a las reuniones de educación mediúmnica eran sometidos a rigurosos controles, de modo que solo asistían aquellos que estaban sinceramente interesados en la aplicación del Espiritismo en el área de la mediumnidad.

Esta proyección fue realizada por un grupo de médiums mayores, que integraban el Departamento de Orientación Espiritual del Centro. Los candidatos, todos voluntarios, tenían bien analizados sus síntomas, para que la mediumnidad no se confundiera con otros problemas. La capacidad de mediar en la comunicación entre desencarnados y encarnados, utilizándola en beneficio de los primeros, fue un factor preponderante para la admisión de principiantes en el grupo. Una vez nombrados, era necesario que asistieran, durante aproximadamente seis meses, a un curso preparatorio de estudios doctrinarios espiritistas.

Esta medida resultó ser bastante correcta, ya que antes de su implementación, cualquiera que quisiera hacerlo era inmediatamente admitido en las reuniones mediúmnicas. Fueron muchas las situaciones conflictivas que se produjeron como resultado: sin preparación, muchas veces impulsadas por simple curiosidad, o con el único objetivo de una solución inmediata a los problemas materiales, o las personas se desequilibraron aun más espiritualmente, o se desencantaron y desaparecieron, ya a la segunda vez.

Frustrados y desilusionados, al no encontrar allí el milagro esperado, porque sus problemas no fueron resueltos inmediatamente, pocos abandonaron el Centro Espírita, yendo en busca de otro, donde los médiums eran "más fuertes."

Clidenor era uno de los que ni siquiera se interesaba por las reuniones mediúmnicas, ya que tampoco había asistido a ninguna otra reunión de estudio.

Él, que en su camino terrenal había venido dotado de vibrantes posibilidades de intercambio espiritual, tuvo su momento de decisión, que lamentablemente desperdició.

Tenía la mediumnidad de audiencia - escuchar voces espirituales -, y la mediumnidad única del viaje astral consciente.

No fue casualidad que fuera invitado a visitar el Centro Espírita y mucho menos a participar de las disputas doctrinarias que allí se desarrollaban. Estudiar y comprometerse con tales compromisos estaba fuera de discusión para él.

Espíritus bondadosos, atendiendo a las súplicas de su abuela, indujeron no solo a Tiago del Cielo, sino también a Julieta, a invitarlo al campo espírita.

De hecho, ellos mismos, los amigos de la espiritualidad superior, habían aconsejado directamente el ejercicio mediúmnico en beneficio de los demás. Bueno, ¿no fue ese el mensaje de todos los acontecimientos vinculados a la presencia del mentor Augusto allí en prisión, demostrándole, de manera innegable, la fuerza de la caridad?

Cabe señalar que el plano espiritual siempre ordena los hechos para ayudar a los encarnados: en el caso de Clidenor, al no poder encontrar otros medios, insistió en brindarle asistencia y lo que encontró fue el acercamiento de Julieta. Aun así, Clidenor rechazó el apoyo.

Desde que Clidenor la abandonó, Julieta había sufrido mucho, porque el amor ya era una realidad para ella.

De espíritu humilde, se refugió en el consuelo de la oración, para superar el dolor que sentía por el abandono de aquel a quien se había entregado en el amor.

El dolor se volvió casi insoportable cuando, una semana después de haber sido abandonada, se enteró de la trágica muerte de Clidenor.

Redobló sus oraciones y pidió a los responsables del Centro Espírita que también orasen por él. Si es posible, los médiums, en sus reuniones, ruegan a los espíritus protectores que ayuden a Clidenor.

La prensa aprovechó la muerte hasta el cansancio; de los dos bandidos: Clidenor y Salesio. Investigando sus antecedentes, resaltaron que eran ex presidiarios, narcotraficantes, involucrados en el crimen durante muchos años...

La misma noticia, más tarde, sin ningún respeto por el ser humano, planteó la hipótesis "bastante probable", que Clidenor fuera amante simultáneo de madre e hija, Ángela y Letícia... Se informó que cuando vino a pasar la Navidad a casa, Salesio, el otro narco, todavía en prisión, pero libre para Navidad, habría encontrado en prisión a su archienemigo y rival traficante, en un romance con su esposa y su hija, eliminándolo, con la ayuda de secuaces.

Julieta, al leer esta noticia, durante tres semanas buscó fuerza interior, para encontrar el valor suficiente para visitar a las dos mujeres, tan infelices como ella. Su alma, con la sensibilidad propia de una mujer, le dijo que todo era mentira.

Sin embargo, era necesario aclarar toda la verdad, para que su corazón pudiera encontrar un poco de paz.

Decidida, fue a casa de Letícia.

Cuando llegó allí, no tuvo el valor de entrar.

Pensar que Clidenor había muerto en ese mismo lugar la dejó llorando.

En oración, pasó por el frente de la casa durante diez minutos, yendo y viniendo hasta el final de la cuadra.

Finalmente tocó el timbre. Respondió Letícia.

Los ojos de Julieta, enrojecidos por el llanto, flotaban en lágrimas insoportables.

Cuando observaron algo sutil entre ambos, tal vez los misterios de la percepción femenina, intuyeron que ese encuentro era crucial, importante, para ambas.

Inimaginable el sufrimiento de Ángela y Letícia, ante tales barbaridades relatadas por la prensa. Solo que más pequeño que la pérdida de su marido y su padre, en condiciones tan crueles.

Letícia, licenciada en Derecho, había intentado iniciar una denuncia penal contra el diario, pero a petición de su madre guardó silencio. Esta medida resultó ser la correcta, ya que eliminó las noticias escandalosas y falsas.

En el fondo, Letícia ya se había sentido atraída por Clidenor, pues sus pensamientos muchas veces se centraban en él. Días antes de morir, incluso pensó en buscarlo. Ni siquiera sabría lo que iba a decir. Pero había en ella un fuerte impulso de conocer a su antiguo secuestrador. Pensó:

– "¿Era amor? ¿Fue solo atracción? ¿O... pasión? ¿Fue algo fugaz, o algo más importante se guardaba en su futuro, junto a ese joven, tan hermoso como problemático?"

– Soy Julieta. Sé que eres Letícia. Vine a visitarte para hablar de Clidenor...

Letícia, sacudida por tantos problemas relacionados con la muerte de su padre, tuvo ganas de ni siquiera responder. La mera mención de ese nombre la perturbaba mucho.

Haciendo acopio de energías, sostenida por su esmerada educación, se limitó a preguntar, sin ofrecer una invitación a entrar:

– Exactamente, ¿qué quieres hablar de Clidenor?

– No es de él de quien quiero hablar. Sí... pero depende de ti.

– ¿De mí?

– Sí.

– ¿Porque?

– Estoy embarazada...

La información trastocó el estado psicológico en el que se había refugiado Letícia. Siempre había respetado el embarazo, lo encontraba hermoso y esperaba vivirlo algún día. Entonces, en tono apacible invitó:

– Por favor entra.

Se sentaron en la sala y se miraron una frente a la otra. Recíprocamente, buscaban un detalle, un signo, cualquier particularidad, que justificara el punto de unión que las hiciera iguales, en términos de la presencia de Clidenor en sus vidas, por fugaz que fuera.

Julieta, tímida, como si la estuvieran juzgando, se encogió en el borde del sofá.

Letícia, en un gesto fraternal, se sentó en el mismo sofá. No sabían cómo reiniciar el diálogo.

Letícia, más tranquila, dedujo que la presencia de la mujer desconocida, que decía estar embarazada, solo podía tener relación con las recientes tragedias. Habiendo venido a buscarla, esa mujer pretendía, de alguna manera, involucrarla en algún proceso relacionado. Casi adivinando la respuesta, preguntó:

– ¿Es el padre del feto en quien estoy pensando...?

Julieta reunió fuerzas y solo pudo tartamudear:

– Sí, es él.

Lágrimas pesadas volvieron a brotar de sus ojos, fluyendo copiosamente. El llanto fue muy sentido, porque fue silencioso. Su rostro no mostró contracción. Solo lágrimas. Abundantes.

Fue Letícia quien dijo:

– Clidenor...

– Sí, Clidenor - asintió Julieta, ahora rompiendo a llorar con gran convulsión.

El control hasta entonces se perdió por completo. Sollozaba ruidosamente, sujetándose la cabeza, inclinándose con gran angustia.

Fue demasiado: Letícia se acercó a ella y la abrazó, reconfortantemente.

Ahora ambas estaban llorando.

Permanecieron así abrazadas durante casi tres minutos.

Como si cedieran a la presión emocional que las había asaltado, se alejaron, con los ojos enrojecidos, manteniendo nuevamente algo de control.

Letícia:

– ¿Qué puedo hacer por ti? ¿Hay algo en particular que te haya traído a mi presencia?

Julieta, sintiendo que ese momento, con ese clima emocional, podría no volver a presentarse, decidió aprovecharlo al máximo:

- No vine a pedir nada, no vine a buscar nada. Solo necesito sacar el dolor de mi corazón...

- Por Dios, ¿qué puedo hacer?

- También le pido a Dios que no me condene: realmente necesito saber toda la verdad...

- ¡Ah! Clidenor...

- Sí, sobre Clidenor... y tú...

Letícia se sobresaltó cuando escuchó "tú." La herida que la prensa había causado en su espíritu aun no había cicatrizado.

Sintió el impulso de expulsar a esa extraña que tan audazmente había venido a regodearse de su honor y el de su madre.

La tranquilizó identificar en los ojos y en las actitudes de Julieta un sufrimiento igual o incluso mayor que el suyo.

Midiendo cada palabra:

- Julieta: por favor, no dejes que tu espíritu ceda ante acusaciones tan viles, fruto de la locura de algún reportero, o incluso de la redacción de una organización de prensa irresponsable.

Hubo transparencia en el diálogo, tal es así que Julieta profundizó el tema y el tono:

- Como dije, me disculpo por traer recuerdos tan tristes en esta casa. Pero en mí hay más que recuerdos...

- Entiendo su posición y cuenta conmigo de antemano si puedo hacer algo por ti. Pero seamos claras: no es bonito hablar de Clidenor.

Y suspirando:

- Papá actuó con tristeza. Mamá y yo sufrimos por esto. Ahora bien, en cuanto a los motivos que lo llevaron a la violencia, que resultó en la muerte de Clidenor, diré una cosa. Solo hoy, solo ahora y solo una vez hablaré de ello. Y tú también eres la primera persona, excluyendo a las autoridades policiales, a quien le diré esto: entre Clidenor y yo, así como entre él y mamá, nunca hubo una relación apasionada. Nunca nos puso un solo dedo encima a ninguna de los dos.

Con los ojos llenos de lágrimas, dijo:

– Papá fue arrestado y llevado a la misma prisión donde estuvo encarcelado Clidenor. Al día de hoy, todavía no puedo entender del todo las redes del destino que llevaron a papá y a Clidenor, enemigos declarados, a ser encarcelados al mismo tiempo, en la misma prisión...

Siendo espírita, Julieta captó el significado de "plena disposición." Comentado:

– Creo que tenemos varias vidas y en algunas de ellas ya convivimos, no siempre de forma amistosa...

No pudo continuar, porque Letícia la interrumpió resignada:

– Nosotros también creemos eso, mamá y yo. ¡Somos espíritas, gracias a Dios! También creemos que las personas que son enemigas en una vida, se reencuentran en otra, para aceptarse mutuamente.

Volvieron a abrazarse emocionadas, cuando Julieta confirmó:

– ¡Entonces somos tres espíritas!

Letícia continuó:

– Allí en la prisión, como se informó ampliamente, los dos se pelearon por el poder para traficar drogas. Creo que todo pasó por la influencia de las drogas, al menos sus muertes...

Julieta escuchaba y cada palabra aminoraba su angustia, ante su sospecha que el padre de su futuro hijo fuera tan vil, hasta el punto de vengarse de alguien que no le agradaba, seduciendo a su esposa e hija.

Para poner fin a ese exabrupto, Letícia añadió:

– Hay una cosa; sin embargo, que necesito confesarte: no creo que lo entiendas, pero el caso es que unos días antes de morir Clidenor yo estaba pensando en buscarlo. No sé si quería verlo para aclarar dudas sobre mi enemistad con mi padre, o si simplemente quería acercarme a él, que sentía por mí una extraña e indefinida atracción.

Casi en sueños, añadió:

– Me llevaré esta pregunta a la tumba y solo la eternidad, quizás algún día, podrá responderme.

En un gesto de sentido común, a la vez que reconfortante, Julieta respondió:

– Creo que ambas cosas llevaron a un encuentro entre tú y Clidenor. No tengas vergüenza, porque también te voy a confesar algo: lo quise, desde que lo vi, y lo sigo haciendo. Pero mi amor no fue correspondido. Y, sinceramente, sé que no fue culpa suya. Nuestra relación era consciente, entre dos adultos que se deseaban. No exigí ni él se comprometió a asumir las consecuencias de una unión entre nosotros.

Sollozando ruidosamente otra vez, aun encontró fuerzas para declarar:

– Creo que murió sin saber que iba a ser padre...

Su sinceridad formó la base de la confianza y el comienzo de la amistad. Era natural que a partir de entonces se apoyaran espiritualmente, se apoyaran, como ya se habían entendido.

Los sentimientos iguales, ya sean felices o tristes, casi siempre igualan a los seres, acercándolos, al principio, y uniéndolos después, en la búsqueda conjunta de esfuerzos concretos, hacia una mayor alegría o la superación de la tristeza.

A partir de ese día, aunque nunca más se vieran, caminarían juntas por la vida, unidas por el pensamiento.

Julieta pensó que era hora de irse. Todo lo que quería saber Letícia ya se lo había dicho. Aunque aun no se había dado cuenta, había un denominador común entre ellas: estaban necesitadas, tristes, heridas. Una, por la pérdida de su padre y también por las falsedades de la prensa; la otra, por recuerdos de amores no correspondidos y de una maternidad envuelta en tragedia, por segunda vez.

Me voy, dijo levantándose.

– Quédate un poco más, Julieta.

– No, Letícia. Necesito irme porque no quiero llegar tarde a donde vivo.

Antes de irse preguntó:

– Y tu madre, doña Ángela, ¿cómo está?

– Mamá no ha estado bien desde que murió papá. Ya no estaba bien de salud y luego, la pobre, no le ha ido bien.

– Dios la ayudará.

– Sí. Dios está ayudando, como siempre.

– Bueno, Letícia, lamento mi osadía de venir a decir estas cosas, pero estaba muy angustiada.

– No hay nada por qué disculparse. Realmente aprecié tu visita y realmente creo que fue Dios quien te inspiró a venir. A partir de ahora me gustaría verte más a menudo.

Entregándole una tarjeta de presentación con la dirección y el teléfono del hotel donde trabajaba, Julieta, muy conmovida, le devolvió el gesto fraternal:

– Yo también. Muchas gracias por todo. Adiós.

– Adiós.

Dos meses después, Letícia llamó a Julieta, al hotel, para informarle de la muerte de su madre e invitarla al funeral. Le informaron que ya no trabajaba allí. Sin embargo, quien respondió consultó algunas notas y proporcionó la dirección del domicilio de la ex empleada.

A pedido de Letícia, una amiga fue hasta donde vivía Julieta para traerla, si quería. Semejante presencia le resultaría reconfortante en aquel momento difícil.

Dos horas después, la amiga llegó al velorio de Ángela, acompañada de Julieta.

Entre lágrimas, las dos amigas se abrazaron, sin decir nada, ya que era innecesario, ya que en sus ánimos reverberaban fuertes conexiones, no originadas en apenas dos meses…

Como espíritas convencidas, creían en esto, sobre todo porque en el alma lo sentían verdadero.

Por lo tanto, sabiendo cuán poderosas e inesperadas son las redes del pasado en el presente, sabían también que no se trata de encuentros "fortuitos" entre personas que inmediatamente y recíprocamente sienten simpatía… o antipatía.

Después de los funerales, durante los cuales permanecieron juntas, abrazadas, Letícia le pidió a su amiga que no la dejara, al menos ese día y esa noche. Ofreció alojamiento y fue por pura compasión que Julieta aceptó la invitación.

No podían dormir.

Conversaron hasta bien entrada la noche, en un ambiente de desahogo, contando cada uno cosas de su infancia, de su vida hasta ese momento, de sus proyectos.

Sin ningún interés, sin ningún atisbo de indirecta, Julieta le contó a Letícia que llevaba aproximadamente un mes desempleada, pues la habían despedido cuando se conoció su embarazo, debido a las constantes náuseas.

Sollozó:

– Nadie quiere darme trabajo, cuando estoy embarazada...

Sin decir nada, Letícia se limitó a escuchar. Julieta continuó:

– Algunos de mis familiares y algunos amigos me sugirieron abortar...

Letícia palideció ante la pausa. Totalmente contraria al aborto, bajo cualquier justificación, esperaba ansiosa saber cuál era la opinión de Julieta.

Aprendió de la Doctrina Espírita que no existe el embarazo accidental, porque, a pesar del libre albedrío del hombre, las leyes de la reencarnación trascienden la capacidad humana de cambiarlas. Los seres humanos pueden desobedecerlas, abandonando compromisos adquiridos, muchas veces todavía en la espiritualidad; sin embargo, no les es posible cambiar el rumbo de la evolución. Y reencarnar es una secuencia natural en el curso evolutivo de todo ser.

Letícia sabía, por varias obras espirituales que había leído y analizado, que toda fecundación ocurre bajo el cuidado especializado de ingenieros celestiales, responsables de la vida encarnada de cada espíritu. Tales mensajeros de amor son representantes directos de Jesús, y en esta tarea casi se puede decir que actúan bajo estrechas órdenes divinas.

Cuando una mujer rechaza la maternidad, a través del aborto, o incluso cuando no puede resistir sugerencias irresponsables para llevarla a cabo, provenientes de cualquier persona, enfrentará terribles problemas genéticos; ya desde la presente reencarnación, pocos no serán los trastornos los que deprimirán su alma, con efectos dolorosos en el sistema reproductivo. En el futuro, en uno o más viajes terrenales, las consecuencias del aborto quedarán impresas en su periespíritu, creando dolorosas perturbaciones, incluida, por ejemplo, la esterilidad.

Por todas estas razones, el aborto debe rechazarse enérgicamente. Es un delito, quizás, el más cruel de todos, ya que la víctima no tiene posibilidades de defensa.

De hecho, el Espiritismo solo acepta el aborto en una hipótesis y solo en esa hipótesis: cuando, comprobado por la Medicina, solo uno se salvará, ya sea la madre o el niño que nacerá. En este caso, que es de suma responsabilidad para los médicos, coincidimos con la sugerencia hecha a Allan Kardec, quien ya está encarnada, la madre, debe ser salvada.[5]

A más de ciento treinta años de la Codificación del Espiritismo, hoy es necesario considerar los avances científicos, especialmente en el campo médico, que hacen que tales casos sean raros, ya que la Medicina es capaz de realizar cirugías intrauterinas, corrigiendo anomalías en el bebé aun no nacido.

Son innumerables los casos en los que madres resueltas, desafiando diagnósticos tan sombríos, aunque sin dudar de ellos, prefirieron confiar en Dios y afrontar todas las

---

[5] N.E. pregunta 359 de *"El Libro de los Espíritus."*

consecuencias de tal embarazo. ¡Son innumerables las personas que vieron recompensada su fe, con nacimientos problemáticos, pero victoriosos!

¿Se habría equivocado la Medicina en tales casos?

No. Solo que, al ser terrenal, no tiene condiciones paralelas con los designios divinos.

Aun en materia de aborto, muchos países, si no todos, tienen leyes que lo autorizan legalmente en casos comprobados de violación. Considerando que el Espiritismo no está en contra de las leyes materiales, sino a favor de las espirituales, arroja luz sobre este oscuro hecho: en el caso de la violación, se debe partir de la premisa que Dios es justo, muy justo, justicia en forma de perfección y perfección en forma de justicia. En consecuencia, el Padre no permitiría que personas inocentes fueran castigadas: mujer quien queda embarazada y el espíritu que luego reencarnará. Así, incluso a pesar de la justa rebelión de la mujer ofendida, ésta debe analizar la trascendencia de la vida y los designios divinos que, de manera aparentemente injustificable, le confían un hijo concebido en el marco de la violencia. Abortar, en estas condiciones, representará la pérdida de una excelente oportunidad de pagar deudas contraídas, tal vez, en las lejanas nieblas del tiempo, en vidas que la memoria sitúa lejos de la actual. Hay también otro factor decisivo que impide el aborto, aunque sea doloroso vivir con el hecho que tal embarazo fue totalmente no deseado y provocado por un crimen brutal: el ser que renacerá tiene enormes dificultades para superar todos los matices resultantes, pero nadie tiene derecho a suprimir la bendita oportunidad de la vida, que antes que la madre dé a luz, constituye también una valiosa reconstrucción moral.

Todos estos pensamientos pasaron rápidamente por la cabeza de Letícia.

Como Julieta no dijo nada, le preguntó:

– ¿Y qué decidiste?

– ¡Nunca abortaré! ¡He pasado por el mismo problema, así que voy a tener otro niño en mis brazos! Incluso si solo uno de nosotros pudiera vivir, me sacrificaría.

En un gesto impulsivo, Letícia abrazó a Julieta:

– ¡Gracias a Dios, gracias a Dios! Dirigió la conversación a otro ángulo:

– ¿Con quién vives?

– Con mi hijo.

– ¿Por qué no te mudas aquí?

La invitación se hizo en uno de esos momentos en los que de la protección de Dios surge la inspiración, que se traduce en amor por los demás. De hecho, sin saberlo, Letícia estaba ofreciendo una solución a un problema grave: Julieta estaba a punto de ser desalojada, por falta de pago del alquiler, que se había incrementado al perder su trabajo. Lo poco que había recibido, relativo a derechos laborales, lo había utilizado hasta entonces en alimentos y medicinas que requería el embarazo. El dinero se había acabado y no tenía otros recursos.

Extremadamente emocionada, ella no pudo responder.

Ella rompió a llorar y Letícia apenas logró que le explicara el motivo.

– Alabado sea Dios – dijo Letícia cuando descubrió la causa del sufrimiento de su amiga. Y decidió –. No hay nada en qué pensar. Tú y tu hijo se mudarán a casa hoy. La casa es grande y no podría vivir en ella sola. No tanto por la incapacidad de gestionarla, sino por los recuerdos de papá y ahora mamá.

Agregando:

– Si puedes, serás responsable de la casa. Mis tareas ocupan casi todo el día. Y no te preocupes por el dinero para gastos.

Todos los gastos - destacó, aclarando -, incluidos los médicos y los medicamentos para ti y tus hijos.

El niño que ni siquiera había nacido se encontraba, por tanto, ya en ese contexto familiar.

Mostrando total confianza en su amiga, Letícia agregó:

– Papá dejó algunas propiedades que están alquiladas. No soy rica, pero no tenemos problemas económicos, gracias a Dios. Así que no tengas cuidado con lo que necesitas gastar, incluso tendrás un salario que insisto en pagar.

Julieta hizo arrodillarse ante tanta benevolencia, para besar las manos de su protectora. En un gesto brillante, pero sencillo, fruto de sentimientos nobles, Letícia se arrodilló primero, pues tenía más destreza. Arrodillándose, comenzaron a reír, relajándose y luego volviendo a sentarse.

Letícia tomó las manos de Julieta e invitó:

– ¿Vamos a rezar?

Juntas, agradecieron a Jesús por su bondad al reunirlas. Letícia preguntó, inmediatamente después de la oración:

– ¿Dónde está tu hijo?

– Con un vecino. Le pedí que lo cuidara, informándole que necesitaba asistir al velorio de la madre de una buena amiga. Sé que está bien, porque este vecino es muy bueno y quiere mucho a mi hijo.

Con los ojos bañados en lágrimas de felicidad, le agradeció, más con el corazón que con las palabras:

– Dios te bendiga, Letícia. ¡Dios te bendiga!

Riego en Sequía

La convivencia en la nueva situación no trajo ninguna dificultad entre ellos, ni tampoco para el hijo de Julieta, Moisés. El primer martes desde que vivían juntos, Letícia invitó a Julieta y a su hijo a participar, a las ocho, puntualmente, del Culto del Evangelio en el Hogar. Fue en ese día y hora de la semana que ellos y su madre lo hacían, desde que Ángela fue vista en el Centro Espírita. Fue en ese Centro que había cambiado mucho su vida, comprendiendo las vicisitudes de la vida, soportándolas con apoyo, oración incomparable.

Julieta también hacía este mismo culto, solo que los domingos. Aceptó la invitación, sin problemas, adaptando su calendario de cultos a las costumbres de la casa en la que había fijado su residencia.

Los tres se sentaron a la mesa, sobre la cual había una jarra de agua. Letícia inició el encuentro con una oración que espontáneamente llegó a su alma. A continuación, leyó un extracto de *"El Evangelio según el Espiritismo"*, comenzando desde el principio del libro, para que a partir de ahí la lectura fuera secuencial. El tema principal versó sobre las tres revelaciones: Moisés, la misión de Jesús en la Tierra y el papel destinado al Espiritismo.

Dejando tranquilas a Julieta y a su hijo, los invitó a comentar el pasaje leído y cuál sería su aplicación en su vida diaria. Con sencillez, se hicieron comentarios y el joven demostró que entendía buena parte de la enseñanza evangélica. También conoció el origen de su nombre, lo que le hizo muy feliz. Sin embargo, lo que dijeron Letícia y Julieta sobre Jesús fue suficiente para que el joven lo eligiera "su gran héroe."

A continuación, Letícia, en voz alta, pidió a los espíritus protectores que protegieran esa casa, a sus habitantes, familiares y amigos. Hizo un llamamiento a favor de los espíritus de sus padres, Clidenor y el padre de Moisés.

A pedido de su amiga, Julieta hizo vibraciones generales, a favor de la fraternidad universal y por la curación de los enfermos, de la carne y del espíritu.

Cuidando no cansar al joven, ni a Julieta ni a ella misma, Letícia también reafirmó las instrucciones sobre el culto, según las cuales no debe transformarse en una reunión mediúmnica.

Al ser ayudado, Moisés pronunció una oración final, después de lo cual todos bebieron un poco del agua y el resto se vertió en la jarra.

Pasaron catorce años.

Letícia llevaba algunos años dedicándose febrilmente a preparar su tesis doctoral en Derecho Penal.

En su despacho, desde que se graduó como abogada, se había ocupado principalmente de casos penales.

Como resultado, entró en contacto con decenas y decenas de acusados y sus familias. Se especializó en esta área del Derecho.

En los últimos años se había beneficiado enormemente de la compañía de Julieta y su hijo Moisés. Este último, que ahora tenía treinta años, se estaba preparando para el examen de ingreso a la facultad de derecho, muy animado por su interés, ya que después de terminar la escuela secundaria había abandonado sus estudios. Un hecho curioso había intrigado a Letícia durante los últimos catorce años: desde el primer momento en que vio a Moisés, tuvo la extraña e indefinida sensación de conocerlo...

A medida que el joven crecía, este sentimiento se hacía cada vez más presente.

Por mucho que lo intentara, no podía recordar dónde, cuándo o cómo se había originado esa impresión.

Ya en los últimos retoques de su tesis, prácticamente solo se dedicó a esta actividad.

Moisés, a quien había contratado porque era un excelente mecanógrafo, la ayudó mucho.

De hecho, lo hizo con alegría, pues entendió perfectamente que Letícia había ayudado a su madre y a él mismo, en un momento de gran necesidad. Julieta no se cansó de agradecer y bendecir el momento en que la conoció.

Reuniendo fragmentos de lo que siempre escuchó, Moisés logró formar un panel más o menos aproximado a la dolorosa realidad que unía el destino de los tres, él, su madre y Letícia. De manera vaga, sintió lástima por los dos hombres que sedujeron a su madre y fueron asesinados. Oraba diariamente por sus espíritus: el primero, su padre desconocido y el segundo, el padre de su hermana Yvana, que ahora tenía catorce años. También oraba siempre por el padre de Letícia, a quien ella siempre se refería, con angustia y anhelo doloroso. Siempre se preguntaba:

– "¿Por qué nos pasó esto a mi madre, a Yvana y a mí?"

Lo apoyó en estos momentos de angustia espiritual el hecho de haber sido criado como un niño recibiendo las aclaraciones de la Doctrina Espírita, sobre las vicisitudes que nos afectan, muchas veces sin que sepamos encajarlas en la Ley de Causa y Efecto.

A través del principio de vidas sucesivas, que el Espiritismo llama "reencarnación", aprendió que el espíritu es uno, pero que hay varios cuerpos que lo recubren, en múltiples existencias, uno, en cada vida.

Esta multiplicidad de vidas refleja la sabiduría y la bondad de Dios, otorgando a todos Sus hijos igualdad de oportunidades para trabajar, aprender y progresar. La conciencia es una brújula infalible para el bien. Por tanto, considerando que todos los espíritus tienen la libertad de actuar en el bien o en el mal, se deduce que cuando cometemos errores es necesario redimir nuestros errores. Por lo tanto, cualquier falta y error del alma son tantos, que la imagen del respectivo rescate se proyecta hacia el futuro, a veces en más de una vida. A veces, de forma obligatoria.

La mayoría de los dolorosos dramas de anomalías congénitas y enfermedades incurables, de desastres, de dificultades casi insolubles, de incomprensiones que rodean al hombre, no son más que cosechas de plantaciones equivocadas, generalmente, en vidas pasadas.

Si existieran las vidas anteriores, no habría justicia cuando tales sufrimientos alcanzaran a alguien que, en ésta, no hubiese cometido ningún error o falta.

Todas estas reconfortantes aclaraciones las escuchó en el Centro Espírita al que asistían su familia y Letícia.

Médiums, directores, consejeros espirituales y oradores doctrinarios, buscando inculcar una comprensión de la justicia divina, a menudo repetían palabras de Jesús y del apóstol Pablo.

De Jesus:

"A cada uno según sus obras se le dará." [6]

Del apóstol Pablo:

"Hermanos, Dios no se engaña: lo que el hombre siembra, también cosechará." [7]

Tales afirmaciones seculares, ciertamente registradas en la eternidad, resumían la Ley Divina de Causa y Efecto, acoplada, a su vez, a la Ley Divina de Justicia.

La tesis que pretendía defender Letícia se titulaba: *"Falsificación Social: Penalizando por Segunda Vez Al ex Presidiario."*

Vibrante, desde un principio, expuso su amplia experiencia con los dramas cotidianos de los delincuentes, luego de cumplir sus respectivas condenas, hechos que habían tocado su sensibilidad como abogada. Dijo que, a medida que profundizaba su investigación, visitando decenas y decenas de familias involucradas en este tipo de situaciones, emergió en su mente la dolorosa realidad de quienes salen de prisión. Doloroso porque, excluyendo a la esposa - o pareja -, y a los hijos, padres y hermanos, nadie los aceptaba nuevamente. Decía:

– Ir a la cárcel, para gran parte de la sociedad, es lo mismo que ir al cementerio: destierro total, salvo recuerdos fugaces, aquí o allá, por esto o aquello...

Aunque el juez, el jurado y el Estado definen la pena, la sociedad establece un segundo tribunal para sancionar una vez más al acusado.

– ¿Qué pasa entonces?

---

[6] N.E. Mateo, 16:27
[7] N.E. Gálatas, 6:7

Angustia, miedo, tristeza, revuelta y, finalmente, la única salida: volver al crimen, en una recaída del deterioro moral, solo que ahora mucho más consciente.

Y por "más conscientes" queremos decir más decididos, más atrevidos y bajo los efectos de una emulación muy poderosa: el odio. Luego, entonces, los males, que no representan más que la venganza de quien se toma la justicia por mano propia. En esta etapa, el concepto de humanidad del criminal queda eclipsado, que ahora tiene una doble motivación: además de la supervivencia, la suya y la de su familia, tiene que ajustar cuentas con el monstruo social que lo humilló.

Incapaz de exterminar a la sociedad por sí solo, une fuerzas con socios que tienen las mismas motivaciones, para causar juntos el mayor caos posible.

En pandillas, imitando negativamente el ejemplo de las hormigas, se convierten en crueles depredadores de las bases sociales que están a su alcance. Ignorando que tal destrucción no solo dañará a los estratos sociales que los rechazaron, sino a todos, colectivamente, actúan como residentes molestos que quisieran que un volcán derramara lava solo sobre sus vecinos, a la izquierda y derecha...

Muchos son los que se lanzan al suicidio indirecto, no retrocediendo en el duelo con la Ley, siendo la parte más débil; pero, aunque son conscientes de las consecuencias, tal destino no evita repetir procedimientos equivocados.

En este punto, se atreve: "aunque el tema ha sido ampliamente explorado en varios artículos por psicólogos y criminalistas de renombre, así como por representantes de diversas instituciones sociales y religiosas, ninguno de ellos ha mencionado nunca sus consecuencias espirituales."

Ante el asombro del tribunal examinador, preguntó:

- ¿Quién puede negar que la tumba es una puerta de entrada a otra dimensión de la vida, donde se preserva el conjunto de acciones y la individualidad de cada persona?

Buscando filigranas en el alma, inseparables incluso del testimonio de la propia Ciencia, la expositora logró impresionar a los profesores-doctores que la juzgaron.

- A manera de mera especulación, para unos, de certeza para otros - explicó -, el espíritu tiene varias vidas y no sería prudente que nadie, sociedad, grupo o individuo, se erija en una barrera para la recuperación de un condenado, que después de esto salda su deuda social.

Letícia no perdonó a la sociedad: atribuyó parte de la responsabilidad de los crímenes cometidos por los excarcelados, dado el rigor con el que los acoge a su regreso a la sociedad. En sus declaraciones planteó una cuestión delicada:

- ¿Qué padre o madre soportaría ver a su hijo fracasar en la escuela y no tener la oportunidad de regresar a la escuela, siendo condenado al analfabetismo eterno?

- Bueno, señores - continuó -, y ¿qué podemos decir de este espíritu, cuando se va? Suponiendo, solo suponiendo, que la vida continúa en el plano espiritual y que la conciencia se mantiene, ¿se imaginan, señores, que la revuelta, por tercera vez, alcanzará a este ex presidiario.

Haciendo una pausa deliberada, continuó:

- Si se extravía en la penuria o como ocurre estos días, casi siempre ante enfrentamientos policiales, tendremos un espíritu furioso, rebelde, creyéndose que ha sido agraviado. En la medida de lo posible, será un perturbador invisible de esa sociedad, grupo o individuo que lo repugnaba.

Mirando a los examinadores uno por uno, dijo:

– Ningún candado, candado, cerradura, cadena de seguridad, perro guardián, etc., será barrera para este vengador; él entrará dondequiera que sintonice su pensamiento.

Respirando profundamente, declaró solemnemente:

– Este fenómeno, queridos doctores, la Doctrina de los Espíritus, con seriedad y puros conceptos de lógica, llama "obsesión." Y, hasta la obsesión, solo las fuerzas espirituales volcadas enteramente al bien, cristianas o incluso de otras religiones, ¡pero, principalmente, en los Centros Espíritas!

Continuado:

– ¿Por qué en los Centros Espíritas?

Ella misma respondió:

– Porque en ellos hay toda una estructura de seriedad y principalmente de amor, compuesta por personas llamadas médiums. Estas personas, después de largos estudios del Espiritismo, codificado por Allan Kardec, ejercen la caridad, acogiendo a los desafortunados habitantes del mundo espiritual, con ellos hablando. ¿Y de qué hablan? Siempre de las bendiciones divinas, de los ejemplos de Jesús, para inducirlos al perdón.

Dijo más:

– Por lo tanto, sería mejor repensar cuán equivocado ha sido el trato dado, en la mayoría de los casos, a los ex presidiarios.

En un momento, dijo desafiante:

– Pido permiso para preguntar y les pido que me respondan: ¿quién de ustedes desconoce o no ha oído hablar, entre amigos, conocidos y en su propia familia, de casos dolorosos en los que se producen grandes disturbios, sin causa aparente? ¿Quién de ustedes nunca ha oído hablar de niños problemáticos que se despiertan en mitad de la noche, gritando, aterrorizados, impidiendo así a sus padres dormir y recuperar fuerzas para los enfrentamientos del día siguiente ante un ataque epiléptico? Y es más: ¿quién no ha sido testigo del dolor de una madre cuando ve a su hijo, ex preso, unirse a sus infelices compañeros y extraviarse, ya sea por el camino del crimen, del sexo salvaje, del alcoholismo o de otras drogas? ¿Quién aquí me escucha y no conoce al menos a una persona o familia afectada por la irremediable enfermedad del SIDA?"

Respirando profundamente:

– Señores, señores: ¿sería justo para el Padre, que, teniendo todo el poder, toda la sabiduría, permitiría el nacimiento de niños con Síndrome de Down? ¿Qué daño le hizo a la familia al anhelar, durante meses, tal vez años, la llegada del bebe y cuando esto pasa, con él viene la frustración, un ser débil te lo digo, creyendo esto sinceramente, que estos y tantos otros tristes cuadros de vida refuerzan la fe en la Justicia Divina, de la cual la justicia humana es una pálida copia?

¿Cómo?

Dios, Padre misericordioso, permite a sus hijos, a nosotros, cuando nos equivocamos y estamos en deuda con nuestra propia conciencia, tener repetidas e innumerables oportunidades para un nuevo comienzo.

Éste es el pilar básico del Espiritismo: ¡la reencarnación y las vidas sucesivas!

Ante este panel, se iluminan todas las preguntas propuestas anteriormente por mí, aquí en esta casa donde vive el Derecho, así como las de los pensadores, formuladas a lo largo de milenios, sobre las vicisitudes genéticas.

Letícia estaba emocionada. Continuó:

– La vida, en continuidad en el plano espiritual, a través del pensamiento, conecta a los espíritus con las raíces terrenales. Por la ley de sintonía y atracción, se acercan a las almas encarnadas que piensan en ellos y en las que piensan, estando con los recuerdos, tal vez, en el subconsciente, como un poderoso imán.

He aquí una hipótesis para la reflexión, que, creemos, puede explicar, equiparar y aclarar, en gran medida, aquellas perturbaciones que mencionamos, y muchas otras.

Ahora, casi consejera:

– Por todo esto, es prudente que el mundo no levante barreras para quienes obtienen la libertad, después de cumplir una pena de prisión. Son hombres, fueron hombres, seguirán siendo hombres siempre: en la cárcel, fuera de ella o en ella si alguno de ellos encuentra apoyo en el difícil nuevo comienzo, seguramente no volverá al crimen, ya que la soledad de una celda y el ambiente penitenciario cortan profundamente los sentimientos de cualquiera.

Refinándose:

– En resumen, proponemos que la legislación penal se complemente con un apoyo oficial a los ex reclusos y también a sus familiares, de modo que se les proporcione apoyo moral y, si es necesario, material, durante un período que se considere suficiente para la plena reinserción social.

Levantando las manos, como en oración, cerró los ojos y exclamó:

– Todos somos hermanos y responsables del bien y del mal de este mundo. ¡Dios nos ayude a no ser responsables de los males del otro mundo!

Los invitados se pusieron de pie y aplaudieron frenéticamente.

El tribunal examinador, perplejo por lo que acababan de escuchar y por la reacción provocada en el selecto auditorio, casi mecánicamente, también levantó aplausos.

Letícia obtuvo su doctorado, con honores.

Su tesis tuvo repercusión en los círculos forenses y especialmente en los Distritos Policiales y la Penitenciaría Estatal. Los reeducados, al unísono, pidieron a la Dirección que aquella doctora acudiera hasta allí, para recibir un sencillo homenaje que pretendían rendirle: la eligieron madrina.

Letícia, muy feliz, aceptó la invitación. No tuvo hijos, pero no le faltaron ahijados.

Dio una conferencia, en el gran y abarrotado auditorio, sobre la Justicia Divina, destacando la Ley de Causa y Efecto. Posteriormente comenzó un partido de fútbol, celebrado en el patio interior del centro penitenciario. Abrió una biblioteca con obras espíritas y, para concluir su visita, propuso a la Junta que se autorizara a un grupo de voluntarios a presentarse allí, los domingos, para llevar nociones del Evangelio a los reeducados que simpatizaran con la Doctrina Espírita.

La autorización fue concedida en el acto, pero también en el mismo momento, Tiago del Cielo, que conocía bien aquel ambiente y era positivamente conocido allí, fue aclamado, por los propios internos, como responsable que se les proporcionara un mayor apoyo cristiano.

Lo que Letícia no esperaba era que la creación de su tesis resultara en un matrimonio: ¡el suyo!

¿Y con quién?

Precisamente con "Tiago del Cielo", a quien como colega y jefe de policía había conocido, primero en el Tribunal de Justicia y luego, como espírita, también, a través de diversos diálogos en reuniones profesionales.

Aunque abogado y, como tal, "doctor delegado", no se había librado del apodo, que se había vuelto imborrable.

De hecho, me alegró que me conocieran así. Ayudó a Letícia en la preparación de la tesis, acompañándola en numerosas ocasiones a los Distritos Policiales, particularmente en la Prisión Estatal, donde trabajó y donde estuvieron presos Salesio y Clidenor.

De hecho, enriqueció la tesis narrando varios pasajes de la época en que trabajó en la prisión.

Sobre Clidenor, contó el episodio del insólito viaje astral, que resultó en la curación del recluso apuñalado. También dijo que, sin que su compañero de celda lo supiera, Clidenor le había pedido varias veces a él, Tiago, que llevara algo de comida para la familia. Desafortunadamente; sin embargo, sus actividades como narcotraficante le crearon muchos enemigos deseosos de eliminarlo.

Letícia quedó asombrada al saber que Clidenor tenía la facultad del desdoblamiento astral consciente.

- A causa de esta mediumnidad, en efecto, que había intentado utilizar erróneamente, había sufrido mucho, perdiendo la salud.

La información final sonó como una bomba:

- Si no lo hubieran asesinado, en unos días, como máximo dos o tres semanas, habría muerto. Así lo declaró el médico forense, al realizar la autopsia oficial.

Letícia entendió, después de tantos años, que la visita que Clidenor había intentado hacerle era, en realidad, un adiós, para siempre...

Ella conjeturó:

- Él sabía que iba a morir y por eso vino a despedirse.

- ¿Por qué?

- ¡Santo Dios! Solo podía ser porque se arrepentía de todo y tal vez... porque me amaba.

Conmocionada, siguió pensando:

- Mis ojos no me engañaron, la última vez que nos vimos, él estaba enamorado de mí... y murió, sin poder declararlo.

Gruesas lágrimas rodaron por el rostro de la abogada, quien después de tantos años, descubrió que el amor la había visitado, pero también le había negado toda fortuna posible.

Astuto, Tiago comprendió el motivo de las lágrimas: su colega también había querido a ese ex alumno, aunque ella no lo sabía.

Como todo un caballero, ocultó el asunto y empezó a contar cosas sobre el padre de Letícia. Narró que Salesio se había convertido en narcotraficante para defenderse del poderoso grupo Clidenor, que era temido. La enemistad entre ambos, notoria en aquella institución penitenciaria, era un verdadero paquete explosivo, a punto de detonar. El ambiente penitenciario era tenso debido al clima resultante de las dos corrientes antagónicas. La libertad de Clidenor incluso había sido "apurada" por la Dirección, en un intento de evitar un enfrentamiento de consecuencias impredecibles. Omitió su participación decisiva en la liberación.

Continuó narrando que el estallido de una lucha entre facciones opuestas de prisioneros nunca termina sin muertos, heridos, mucha sangre y prensa.

Y esto sería muy negativo para la carrera de los directores de prisiones, que solo podrían evitar anulando uno de los lados de ese peligroso triángulo: Clidenor, Salesio y los drogadictos.

Al restarle uno de los lados, el triángulo no sería sostenible y la "paz" regresaría a las instalaciones de esa casa de presidiarios. Clidenor, por tanto, al ser en ese contexto el lateral más indicado para la poda, fue puesto en libertad, sobre todo porque el servicio médico del penal ya había diagnosticado una vida corta para aquel prisionero hemorrágico.

La convivencia entre los dos abogados los acercó, primero en el plano profesional y luego en el espiritual. De manera mesurada, bastante sensata, de acuerdo con el proceder de ambos en todos los asuntos, cuando se dieron cuenta que entre ellos había más que admiración, primero unieron sus almas. Entonces decidieron casarse.

La boda estaba prevista para seis meses después.

Un mes antes de la boda, Julieta solicitó una reunión con los novios, en privado.

En esa reunión, explicó sus pensamientos sobre abandonar la casa de Letícia, para que la pareja pudiera tener más privacidad allí. Consideró que con sus dos hijos no sería justo que la pareja iniciara su vida matrimonial con "tanta gente alrededor."

Letícia, que junto a su prometido se había preocupado mucho por este tema, agradeció el sentido común de Julieta. En la conversación con Tiago ya habían tocado el tema y también habían tomado una decisión, que resultó ser correcta, pues lo que dijo Julieta coincidía exactamente con lo que pensaban.

Una de las casas de alquiler en Letícia llevaba un mes desocupada. Estaba ubicada a una cuadra de su residencia y acababa de ser completamente renovada. La decisión de Letícia fue pasar la casa a nombre de Julieta, con escritura definitiva pagada. Esto se hizo como agradecimiento por los muchos años de buenos servicios prestados.

La casa de Letícia también fue objeto de reformas, por lo que allí se instaló un despacho de abogados, donde trabajarían ella y su futuro marido, ya que Tiago llevaba tiempo pensando en dejar la Policía. Letícia lo animó y aceptó formar una pareja de abogados, ya que no les faltaba trabajo. Julieta; sin embargo, permanecería como ama de llaves, pero ya no como residente. Como asistentes estarían una señora de la limpieza y una cocinera.

Moisés sería ascendido a asesor del despacho de abogados e Yvana sería la secretaria.

El agradecimiento de Julieta, como había sucedido repetidamente, estuvo siempre lleno de lágrimas sentidas, llenas de felicidad.

El nuevo cambio en todas sus vidas presagiaba días felices para ellos. Para decirle esto a Jesús, en agradecimiento, nada mejor que reunirse los martes, a las ocho, en el Culto del Evangelio en el Hogar, que venían realizando desde hacía tantos años, con asiduidad y puntualidad.

Unos meses después de la boda, algo extraño empezó a suceder: Letícia, Tiago y Julieta, casi simultáneamente, empezaron a soñar con Salesio, Clidenor y un joven.

Tiago, recordando el sueño constante, quedó intrigado, pues conocía a Clidenor y Salesio, pero desconocía al otro joven que siempre estaba con ellos.

Letícia se emocionó al despertar, segura de haber visto a su padre, a Clidenor y a ese joven que le recordaba a alguien, que no podía ubicar quién era.

Julieta, a su vez, soñó con el joven, que era el padre de Moisés, siempre junto al padre de Clidenor y Letícia, a quienes conocía por varias fotos.

Los sueños solo llegaron a ser comentados por los tres, debido a su repetición y principalmente a un factor, constante en ellos: los tres personajes se encontraban en un estado de extrema necesidad.

En esta etapa profesional, Letícia y Tiago ya habían acumulado suficiente experiencia para identificar las motivaciones del delito de secuestro, así como identificar el perfil psicológico de quienes lo cometen.

Concluyeron, dada la gran cantidad de defensas que habían adoptado, con respecto a los criminales y particularmente a los secuestradores, que ellos, en sí mismos, no tienen crueldad. En la mayoría de los casos, estos criminales son criaturas llenas de repugnancia ante la pobreza en la que viven.

Desde una perspectiva espírita, pueden clasificarse como espíritus que reencarnan en la pobreza, después de existencia(s) de riqueza y poder.

Su pobreza actual los deprime.

En el inconsciente espiritual no pueden aceptar la pérdida de estos beneficios que les impone la reencarnación actual. Deslumbrados por el poderoso mensaje de los medios de comunicación, sobre la vida de prebendas y lujos que alguna vez tuvieron los ricos, se desorientan y buscan, a cualquier precio, penetrar en este mundo, o mejor aun, "regresar" a él.

Cuando secuestran a un rico, además del rescate económico, su intención no es herirlo físicamente, sino golpearlo en lo más valioso: el *"status quo"* social. Al confinar al secuestrado en una celda, que siempre tiene la connotación de una jaula, se deleitan sádicamente en el estado miserable al que es brutalmente reducido el rico.

Se vengan de la sociedad, de los poderosos y de la exuberancia del poder que la vida les niega.

La compañía del secuestrado alimenta y energiza su alma durante el tiempo que dura el encierro criminal.

Esta es la razón por la que los secuestradores generalmente no tienen ninguna urgencia por recibir la recompensa requerida, y menos aun por la liberación de la víctima.

Esto se debe a que, para los secuestradores de los tiempos modernos, aunque inconscientemente, el mayor premio del secuestro no es el dinero del rescate, sino la humillación de la persona confinada y la desesperación de sus familiares, además de la fugaz notoriedad que les otorga la prensa.

En este caso, Letícia, un día, estaba hablando con su marido sobre su propio secuestro.

Tiago del Cielo, casi por curiosidad, propuso que lo revisaran.

Letícia aceptó de inmediato y agregó que, en el fondo, sentía que en ese caso se escondía algo importante.

En los días siguientes, Tiago acudió al juzgado forense, donde tenía amigos, desarchivando el caso relativo al secuestro de Letícia. Al tenerlo en sus manos, la abogada se emocionó: habían pasado tantos años y ahora, todas las escenas, los hechos y los detalles, venían a su mente. Revivió mentalmente el secuestro, de principio a fin, por enésima vez. La carpeta de documentos parecía estar electrizada, pues al tocarla sintió leves sacudidas recorriendo su cuerpo...

Rezó antes de comenzar a leer los documentos. Pidió a Jesús que la apoyara en ese momento delicado y que todos los involucrados en el triste caso, dondequiera que estuvieran, tuvieran como compañera la paz.

Momentos después de examinar los papeles, un gran impacto la golpeó: vio las fotos de los secuestradores. Centrándose en Geraldo, en una fracción de segundo se resolvió una duda de muchos años.

¡Moisés era su hijo! Esa gran similitud no podía ser ocasional. Su pensamiento se dirigió a Julieta: ¿no le dijo que la policía había matado al padre de Moisés? ¿Por qué Julieta le había ocultado un hecho tan importante? Leyó todo el proceso, haciendo solo alguna nota ocasional. Su cerebro estaba hirviendo: era imprescindible y urgente confirmar si Geraldo era realmente el padre de Moisés.

Sola, se dirigió a la casa de los padres de sus hermanos secuestradores. Estaba pensando:

– ¿Seguirían vivos y, en ese caso, seguirían residiendo en la misma dirección?

Cultivos Cercanos, Cosechas Diferentes

Letícia se dirigió a la dirección que figura en la causa relativa a su propio secuestro y allí fue recibida por la madre de Geraldo, Carmen.

Identificándose como abogada, le preguntó si tenía un nieto.

- Me gustaría... Me gustaría...

- Sra. Carmen; lamento molestarla, pero creo que tengo buenas noticias para usted.

- ¿Buenas noticias? ¿Qué podría hacer feliz a este viejo corazón que sigue latiendo obstinadamente?

Con cautela y amabilidad Letícia le dijo:

- Sé lo de tus hijos...

A la señora se le puso la piel de gallina. Se propuso terminar la entrevista allí:

- Lo siento, doctora, ya no tengo tiempo para usted.

- No, doña Carmen, no vengo a revolver viejas heridas. Vengo en el nombre de Jesús, con el corazón abierto, a dedicarle mi amistad.

- ¿Qué puedes hacer para que vuelva a encontrar el Sol, hermosa, mirar con alegría las estrellas, saborea la comida, dormir sin pesadillas y despertar sin tristeza, ante un día más por delante?

Ése, el retrato de la angustia humana.

Caritativa y psicológicamente preparada para afrontar los problemas, materiales y espirituales, Letícia se dio cuenta que estaba ante alguien que había perdido la principal motivación humana: vivir.

Sin aspavientos, sin malicia, con absoluto control sobre el timbre de su voz, dijo:

– Soy la niña que secuestraron tus hijos...

Doña Carmen se tambaleó.

Sostenida, apoyó la cabeza en el pecho de Letícia. Lágrimas de dolor brotaron de los ojos de la señora. Letícia alisó varias veces el cabello de la mujer. Entraron.

– No les tengo el más mínimo rencor... entiendo que probablemente actuaron por necesidad.

– Sí, sí, hija mía... mis hijos eran buenos muchachos y fue por desesperación que cometieron ese crimen... que te secuestraron.

Aun llorando, añadió:

– Su padre había tenido un accidente y no teníamos dinero ni para comida, mucho menos para medicinas y médicos. Los dos muchachos estaban desempleados. El padre trabajaba por cuenta propia, un día aquí, otro allá, sin tener ningún registro en su tarjeta de trabajo y cuando lo necesitaba ni siquiera el Gobierno ayudaba... El mismo día del rescate, la Policía se llevó el resto de los dinero en poder de los chicos, porque habían gastado un poco en el bar... Todo lo que gastaron en medicinas para su padre, encontramos la manera de recuperarlo y devolverlo también. Pobrecita: con este terrible desamor, solo duró unos meses.

Carmen, con pesar; Letícia, con compasión. Había algo en el aire que ambas sabían, pero no podían explicar.

Rompiendo el pesado silencio que las rodeaba, Letícia se armó de valor y dijo:

– No actuaron solos... Hubo uno más...

– Sí, sí, siempre lo supe. Me lo dijeron cuando entregaron la medicina, justo después de recibir el rescate. Cuando los mataron, pensé que no debía denunciar al compañero, porque sabía que todavía era muy joven. Al principio, mis hijos solo tenían la intención de robar un coche y venderlo. Cuando fueron a robar el auto se encontraron con este chico que también quería lo mismo, pero no funcionó. Entonces convenció a mis hijos para que realizaran un secuestro y pidieran rescate, ya que él les daría toda la información.

Poniéndose las manos en la cabeza, exclamó:

– ¡Dios mío! ¡Dios mío! Fuiste tú...

– No se preocupe, señora Carmen. No me hicieron ningún daño. No es de eso de lo que vine a hablar. Como dije, creo que tengo buenas noticias...

– ¿Buenas noticias?

– Sí. Dios, a través de sus caminos insondables, trajo a mi vida, cuando era mayor, al chico que habría inducido a sus hijos a secuestrar. Este chico fue detenido como narcotraficante años después. Liberado, regresó posteriormente a la cárcel al reabrirse el proceso de secuestro. Al salir, lo mataron en la puerta de mi casa, precisamente en una pelea con mi padre, quien murió en un accidente, minutos después.

Suspirando, continuó:

– Se llamaba Clidenor y tenía una novia, muy buena criatura, que también por la gracia de Dios llegué a conocer y que vivió conmigo muchos años. Hasta el día de hoy trabaja desde casa, pero ahora es mi vecina.

— Hija mía, Dios bendiga tu corazón generoso, pero lo máximo que puedo hacer por los muertos es orar por ellos.

— Eso es mucho, doña Carmen; sin embargo, hay una cosa muy importante que quiero decirle: la chica que salía con Clidenor tenía un hijo de un antiguo novio, que no se casó con ella. Este hijo, que ahora tiene casi treinta años, es mi asistente en la oficina.

Mostró una fotografía de Moisés.

Al tomar la foto, doña Carmen palideció: ¡estaba viendo la foto de su hijo Geraldo! Temblando, sin decir palabra, se levantó, fue a su habitación, abrió una vieja caja de zapatos llena de papeles y fotografías antiguas. Separó una y se la entregó a Letícia.

Ahora, la que palideció fue Letícia.

Era una foto de Geraldo, o, quién no lo sabía mejor, diría Moisés...

Le mostró otra foto. Letícia la aceptó.

En sus manos tenía una foto de Julieta, unos veinte años menor. En el reverso, la dedicatoria que, disimuladamente, hablaba de Moisés:

"Al amor de mi vida, mi Geraldo, que dejó en mí la continuidad de este gran amor. Tuya, para siempre, Julieta."

Al salir de casa de doña Carmen, Letícia se llenó de certezas y dudas.

Lo cierto era que la reencarnación la entrelazaba a ella, a Julieta, a Clidenor y a Geraldo; los espíritus, para progresar, se reencarnan en grupos donde se encontrarán con conocidos del pasado, la familia y la profesión, dos de los grupos más fuertes.

La pregunta: ¿Julieta sabía desde el principio que Geraldo había sido uno de los secuestradores?

- Al llegar a su casa, llamó a Julieta a su oficina y, con la mayor sinceridad, como era su costumbre, le preguntó a quemarropa:

- Julieta, ¿sabes quién era el padre de Moisés?

- Sí. Su nombre era Geraldo. Está muerto...

- ¿Sabes exactamente por qué murió?

- Sí, en un tiroteo con la Policía, justo después de un secuestro...

- ¿De quién?

- ¡¿De quién?!

- Sí, Julieta: ¿sabes a quién secuestró Geraldo?

- No, no lo sé.

- ¡A mí!

- ¡¡¡¿Tú?!!!

- Sí. Yo era la niña que secuestraron Geraldo, su hermano Júlio y Clidenor.

- ¡¿Clidenor?!

- Clidenor y sus dos hermanos. Mi padre pagó el rescate y se dividieron el dinero.

Haciendo un tremendo esfuerzo por no alzar la voz ni perder el control, añadió en tono enérgico:

- Cuando era niña, fui secuestrada por tres chicos, quienes exigieron y recibieron un rescate. Uno de ellos era Clidenor... Solo mucho después, accidentalmente, nos enteramos de esto, pues una serie de hechos impidieron a la

Policía saber que en ese momento había tres secuestradores. La eliminación de los dos hermanos que participaron en el secuestro cerró el caso, según quedó completamente esclarecido. Mi padre impidió que la policía me interrogara, ya que declaré que había dos secuestradores. Tampoco me permitió identificar los cuerpos de los asesinados por la policía. En ese momento, papá tenía muchos conocidos importantes y logró que la prensa publicara algunas notas sobre todo el proceso, y aun así, omitiendo mi nombre. Por pura casualidad, años después, el caso se reabrió, cuando identifiqué, sin lugar a dudas, que Clidenor era uno de los secuestradores. Hubo un nuevo juicio, fue declarado culpable y enviado a prisión.

Julieta se desmayó.

Llamaron a un médico para que la atendiera y luego recuperó el conocimiento. Su mirada se perdió en la distancia, como si el espíritu no estuviera allí. Solo se le recetó reposo, para lo cual una pastilla ligera para dormir ayudó mucho.

Moisés e Yvana estaban a su lado. Amaban con temor a su madre, una criatura que sabían que sufría y que solo la bondad de Dios podía designarla como protectora. Sus corazones siempre estuvieron adoloridos por los dramas del pasado, que el presente no pudo ocultar del todo.

Letícia pensó que era un momento oportuno para informar a los dos hermanos qué había provocado el desmayo de Julieta.

Con amabilidad y tacto, ambos fueron informados sobre sus padres. Sabiendo la verdad, lloraron suavemente. Moisés dijo:

– Quiero ver a mi abuela.

Yvana lo siguió:

– También quiero ver a mis abuelos, si están vivos, a mis tíos y a todos los que están relacionados...

Por más vehemente que fuera el llamamiento de los hermanos, Letícia prometió no solo llevarlos a conocer a sus familias, sino también acompañar a Tiago.

Así, en apenas unos días, doña Carmen conoció a su nuera y a su nieto, dejándole el corazón lleno de felicidad.

Los padres de Clidenor y sus cuatro hermanos, casados y con hijos, todavía vivían en la misma ciudad. Con excepción de los padres de Clidenor, los demás trabajaban en el gran almacén de materiales de construcción que poseían en sociedad.

Reunidos en esa ciudad, a pedido de Letícia, los visitantes fueron recibidos inicialmente con respeto y curiosidad. La natural preocupación que rodeó el encuentro de todos, ante los recuerdos del pasado, desapareció ante la sencillez de Julieta y sus hijos y la amabilidad de Letícia y su marido.

A la reunión también asistió doña Carmen, previa invitación y aprobación unánime de quienes participaron.

Julieta fue tratada como una hija por los padres de Clidenor, quienes ignoraban por completo que tenían una nuera y una nieta.

El ambiente era de felicidad general.

No hubo ningún médium psíquico entre los presentes, pero la paz que reinó, resultado de la comprensión y el perdón, mostró a sus almas que aquel encuentro fue bendecido por el plano espiritual. De hecho, los espíritus iluminados, por invitación del bondadoso Augusto, quien fue el mentor intelectual de aquel encuentro, extendieron dobles bendiciones a ambos grupos.

Poco antes de regresar a su ciudad, Letícia, bajo la fuerte intuición de Augusto, conmovió a todos con el tono suave y sincero con el que habló:

– Les pedimos permiso a todos ustedes, para decirles que mi esposo, Julieta, Moisés, Yvana, yo y también doña Carmen, somos espíritas. Desconocemos sus creencias religiosas, pero consideramos imprescindible en este momento feliz que digamos una oración a Jesús, en reconocimiento de su amor, que nos une.

Sintiendo una amplia receptividad, continuó:

– Unamos nuestros pensamientos y oraciones para que los espíritus de Clidenor, Geraldo, Júlio y mi padre, dondequiera que se encuentren en este momento, reciban nuestro mensaje de anhelo y cariño.

Estaba llorando, casi incapaz de continuar.

– El padre de Clidenor la abrazó paternalmente, también llorando, y diciéndole:

– Hija del corazón, ¡todos somos espíritas también, gracias a Dios! ¡Alabado sea nuestro Señor Jesucristo!

Sollozando y viendo que prácticamente todos también tenían los ojos llenos de lágrimas, Letícia oró:

– Maestro Jesús, agradecemos esta oportunidad, en la que tantos corazones bendicen el amor y especialmente el perdón. Nuestros límites son tan grandes que te rogamos, Señor, que permitas que un ángel lleve un abrazo amoroso a los espíritus que amamos con todo nuestro fervor y por cuyo bien acuérdate que nos unimos aunque estén lejos, o recorriendo caminos difíciles, te pedimos que reciban, en este momento, un poco de la misma paz que Tú Señor nos concedes aquí. ¡Hermanos, que se haga la voluntad del Padre!

Los adultos, especialmente las mujeres, no pudieron contener las lágrimas y los niños, entendiendo en parte lo que significó aquel encuentro, conmovidos al ver llorar a sus padres, lloraron también.

En las semanas siguientes, los nombres de Geraldo, Júlio, Clidenor y Salesio fueron nuevamente incluidos en las reuniones mediúmnicas en el Centro Espírita a las que asistieron Letícia, Tiago, Julieta y sus hijos. Doña Carmen, por invitación de Julieta, de quien se había hecho gran amiga, también comenzó a frecuentar el mismo Centro, ya que era espírita desde hacía mucho tiempo, con experiencia en la práctica mediúmnica, colaborando en el apoyo vibratorio de las reuniones.

El hecho de los sueños constantes fue interpretado por Tiago como una clara indicación que los tres se encontraban en un estado de gran necesidad espiritual y en serias dificultades.

Ese recolector desinteresado no se equivocó.

Quince días después, en una reunión para ayudar a los perdidos, estaban presentes Letícia, Tiago, doña Carmen y Julieta, una médium psíquica informó que estaban presentes tres espíritus vinculados a ellos. Agregó que estaban inconscientes, en camillas, sostenidos por dos enfermeros cada uno. No podían hablar.

Las tres mujeres sintieron gran conmoción: eran seres que amaran tanto... y aun amaban. Estaban seguras de esto, porque su fe les dijo que Jesús había respondido a sus oraciones y los había llevado allí para que pudieran ser ayudados. Sabían exactamente quiénes eran los espíritus, pues sentían fuertes los lazos que los unían a ellos. Después de ese día, los tres espíritus, en las mismas condiciones, fueron llevados otras veces al grupo para recibir ayuda: pases magnéticos y espirituales. Todos estaban contentos, por la confianza en el plano superior, uniendo esfuerzos a favor de aquellos hermanos infelices.

Y así, dos meses después de la fastuosa visita que Letícia había hecho a doña Carmen, Júlio espíritu, su hijo, en una reunión mediúmnica, trajo información muy importante. Comenzó el mensaje dirigiéndose a su madre:

– *Querida madre, pido tu santa bendición.*

Mis amigos, mis hermanos, soy Júlio. Aquí acudo con permiso de los espíritus protectores de esta casa, para informarles que el hermano Geraldo, Clidenor y el señor Salesio se encuentran, desde hace unos cinco años, en estado de sueño profundo, como si se tratara de un largo coma. La bendición de Dios actuó de esta manera, para su propio beneficio, ya que durante mucho tiempo han sido insensibles a las oraciones de tantas personas que los aman, algunas de las cuales ahora me escuchan. Sus espíritus se cristalizan en la vileza y se sumergen en tristes pensamientos de venganza. Aunque se les impidió recibir ayuda espiritual, las súplicas que hicieron no se perdieron. Solo que no se encuentran en una situación de completa "locura" debido a las oraciones que se dirigen a los espíritus elevados.

Durante los últimos cinco años han estado recibiendo un tratamiento específico, con reacciones mínimas. Sin embargo, en estas últimas semanas han sido tantas las peticiones a su favor que se ha resquebrajado la dura coraza de fluidos negativos con la que se recubrían. Por favor, sigan orando por ellos, que tal vez pronto puedan al menos tener un pequeño diálogo...

Mi presencia se debe a la caridad de Jesús. Estoy haciendo prácticas en una institución educativa, ya que, arrepintiéndome de lo que hice en la compañía de Geraldo, pude mejorar un poco. Cuanto más invitaba a Geraldo a cambiar de vida, más parecía hundirse en la infelicidad.

Dios nos bendiga a todos.

Esa noche, antes de dormirse, doña Carmen oró:

- María Santísima, Madre de todos nosotros: escucha mi oración a favor de mi hijo Geraldo y también de su amigo, Clidenor y padre de Letícia. Están en una situación difícil y siento que solo Tu amor, tan puro como el de Tu Hijo, podrá interceder por ellos, en el nombre de Dios.

✳ ✳ ✳

El espíritu Júlio había dicho que tal vez un pequeño diálogo con los tres espíritus necesitados no tardaría mucho.

El grupo mediúmnico esperaba, con viva esperanza, que esto sucediera.

Pasaron los meses, sin que jamás dejaran de dirigirse oraciones a Jesús, a favor de ellos.

Al llegar a casa, después de un día de trabajo, Tiago y su esposa cenaron y miraron el diario que, para variar, solo traía noticias alarmantes o tristes. Cuando llegaron las once, se acostaron. Letícia, como de costumbre, leyó para que ella y Tiago la escucharan, una página de *"El Evangelio según el Espiritismo."* Después se quedaron dormidos.

Letícia, acompañada de Tiago, saludó a doña Carmen y Julieta. Todos fueron liberados del cuerpo físico a través del sueño. No recordaban cuándo ni dónde habían acordado reunirse, pero estaban seguros que, juntos, participarían en una reunión importante. No identificaron dónde estaban, pero eso no era importante.

Un joven se acercó a ellos. Doña Carmen exclamó:

– ¡Júlio!

– Mamá, mamá...

Madre e hijo se abrazaron durante mucho tiempo. Interesante: después de tantos años, Letícia recordaba perfectamente a Júlio: era el mismo que había ayudado en el secuestro. Pero ahora tenía un rostro dulce y fraternal...

Sin perder tiempo, luego de saludar uno a uno al grupo, declaró:

— Me encargaron llevarlos hasta ellos... Por favor, síganme.

Otro dato interesante: todos sabían, sin necesidad de declararlo, que "ellos" eran Salesio, Geraldo y Clidenor. Fueron a un edificio grande y bien cuidado, donde los llevaron a una habitación, en la que había un médico, algunos enfermeros y tres personas, acomodadas en camillas.

Júlio no se quedó con ellos, pues tenía tareas que requerían su presencia.

Aunque se redujo la iluminación, para beneficio de los pacientes, ¡eran ellos en quienes pensaban!

Los pacientes demostraron que no se encontraban bien, con mareos y náuseas. Con los ojos muy abiertos, gimieron.

Un impulso incontenible precipitó simultáneamente a doña Carmen hacia Geraldo, a Letícia hacia Salesio y a Julieta hacia Clidenor. Delicadamente, pero seriamente, los enfermeros no permitieron que los tocaran.

El médico, tomando la iniciativa y con la intención de dar una calurosa bienvenida a los visitantes, les informó:

— Hermanas míos, ¡alabado sea Dios! Jesús, el Pastor incomparable, permitió este breve encuentro, para que sus corazones se calmaran y para que su fe no flaqueara.

Y mirando a los enfermos:

– No están en plenas condiciones. Gracias a Jesús, despertaron parcialmente, hace unas semanas, de una "pesadilla" invernal e infeliz, ya que desencarnaron, hace tantos años, y desde hace más o menos cinco años están totalmente envueltos en trastornos mentales e impedidos de tomar cualquier acción..

Respiró hondo y continuó:

– Sus constantes oraciones han sido de gran beneficio y lograron ayudar a los especialistas, quienes consiguieron despertarlos de esta triste condición alienante. Han acumulado tantos desajustes en sus cerebros que la bendición divina ha detenido esta caída vertiginosa, con el bloqueo en el que se encuentran.

Continuó, tras una pausa:

– Aun así, bloqueados, sufrieron mucho. Los tenaces vengadores los han estado persiguiendo todos estos años. Ellos traficaron cuando encarnados y desencarnados, continuaron junto a los tóxicos, inductores y hurtadores. Su desafortunada acción resultó en cientos y cientos de desafortunados adictos, la mayoría de los cuales también fueron engañados, deseosos de vengarse de sus desgracias.

Las tres mujeres empezaron a llorar.

Tiago, buscando fuerza interior, los apoyó, instándolos a orar.

El médico invitó a todos a sentarse alrededor de su mesa, tras lo cual añadió:

– Mi nombre es Daniel y junto con los enfermeros que ven, llevamos mucho tiempo sirviendo a nuestros hermanos. Después de la desencarnación, vagaron entre sombras y pantanos. Geraldo, que se perdió primero, estuvo con Salesio y Clidenor, mientras ellos encarnaban, como un verdadero vampiro, agotando sus energías e inculcándoles malas ideas. Cuando llegaron al plano espiritual, en una triste zona del Umbral, tuvieron que adaptarse al ambiente hostil, convirtiéndose en verdaderas bestias. Geraldo y Clidenor, siempre junto a otros compañeros, continuaron por el mismo camino criminal que los llevó hasta allí. Aprendieron a robar a los encarnados, que frecuentaban ambientes dominados por el alcoholismo, la drogadicción y el sexo irresponsable, y estaban hartos de ello durante un largo período de tiempo. Sometieron a una mujer, que quedó desencarnada cuando alguien le arrojó ácido en los ojos, usurpando su liderazgo de una pandilla. Esta mujer, esclavizada por Clidenor, se benefició de las oraciones que se le dirigieron. En cuanto a Salesio, aunque alejado de esos ambientes, tenía una idea fija del dinero, haciendo todo lo posible para atesorarlo, consiguiéndolo solo de forma maliciosa.

Se detuvo por un momento. Miró al techo y continuó:

– Se volvieron poderosos y esclavizaron las mentes débiles, en este plano y en el plano material. Fue allí que, actuando en beneficio de ellos, como prueba permanente de la caridad de Dios, el dolor decidió impedirles acciones tan equivocadas. Salesio y Clidenor se encontraron, se batieron en duelo hasta el agotamiento, atrayéndose mutuamente en un acoplamiento terrible, como dos mitades magnéticamente entrelazadas. Geraldo, compañero irrestricto de los mismos errores, presenció el duelo y también se volvió loco, como los duelistas.

Ahuyentando a los visitantes, informó:

– La principal actividad de esta institución es recibir, mantener y proteger a los espíritus en vida vegetativa. Los tres llevan más de cinco años aquí, en este letargo. Hace solo unos meses, las súplicas revitalizadas de la Tierra les permitieron comenzar su recuperación.

Miró a las mujeres y se dirigió a Carmen:

– Su hijo Júlio, durante muchos años, también permaneció involucrado en el atractivo nocivo de las aparentes facilidades que ofrece el crimen; después de llegar al plano espiritual, deambuló por los inextricables callejones sin salida de las turbulencias que la muerte física abre a quienes actúan con vigilancia evangélica; volviendo en sí, hace algunos años, se arrepintió de los errores que había cometido, comenzando a orar incesantemente, hasta que fue llevado a una institución educativa, para el aprendizaje cristiano; actualmente viene realizando prácticas sencillas del bien.

En cuanto a su hijo Geraldo, aunque le aconsejaron repetidamente que dejara atrás los excesos que seguía, cada vez se rebelaba más y cometía más errores. Al encontrar nuevamente a Clidenor, formó con él un dúo terrible, siguiendo el ejemplo de lo que ya habían hecho, vidas y vidas atrás... De hecho, cuando los tres actuaban en el pasado, Júlio, Geraldo y Clidenor, como ladrones. del desierto, fueron diezmados por Salesio. Por eso sus caminos se cruzaron, perdiendo todos una oportunidad incomparable de reconciliación. Salesio, voluntariamente, debería haberles devuelto a los tres lo que les quitó. Esto sucedió, inmerecidamente, incluso con violencia.

Y suspirando:

– Los cobradores rara vez se dan por vencidos. No podía ser de otra manera, el resultado...

Dirigiéndose a Julieta:

– Lamentaba mucho, nuestro Geraldo, no haberse casado contigo. Su corazón dice en secreto que es padre y nada lo haría más feliz que ver a Moisés. Sigan orando por él...

Paternalmente, a Letícia:

– Has sido fuerte, hija mía. Ha sido el mayor apoyo para tu padre y para Clidenor. Puedo asegurarte que es precisamente gracias a tus oraciones y a tus pensamientos de amor hacia ambos que hoy se encuentran en un proceso de recuperación, de reconstrucción. Tu padre te tiene arraigado el amor, porque después de largos viajes existenciales, la fraternidad los une. En cuanto a Clidenor, aplastado por tantas decepciones terrenales, solo más tarde despertó a la realidad de su corazón: te tiene como su gran amor, reflejando la verdad del pasado, en la vida de ambos.

Él amablemente explicó:

– El calendario de reencarnación de Clidenor incluía el matrimonio contigo y la paternidad de Yvana. Al pasar a formar parte de la familia, haría las paces con su suegro, borrando la vieja animosidad que los había unido durante siglos, de forma tan lamentable. Para ello, los ingenieros siderales pronto lograron unirlos profesionalmente, pero el viejo desacuerdo prevaleció, haciendo que el odio entre ellos se intensificara.

Extrajo cualquier sentimiento de culpa:

– En cuanto a tu matrimonio con Tiago, además de la fraternidad y el respeto que los unía, estaban bendecidos por el ideal común de ayudar a los demás.

Letícia se sorprendió cuando se le informó, naturalmente:

– La abuela, desencarnada, contribuyó mucho a que esta situación entre ellos continuara, pues, valiéndose de la mediumnidad de su nieto, el mismo día que fue despedido por Salesio, lo denunció, desde este lado de la vida. No sabía que, como predicción, debía venir a casa de Salesio, aun por la paz entre ellos, pues ella también está ligada a él, desde las páginas antiguas del libro de la vida. Se arrepintió a tiempo, intentando cambiar la mentalidad de su nieto respecto a Salesio. Yvana es la abuela de Clidenor...

A continuación, los cuatro visitantes encarnados fueron invitados a pasar a otra habitación, ésta muy bien iluminada, donde fueron recibidos por Augusto, quien los acomodó. Él les dijo:

– Hijos míos: la bondad del Padre no abandona a ninguno de nosotros. El Universo entero es una gran escuela que ofrece clases para todos los grados de progreso moral. Quien quiere progresar, mediante el ejercicio de las virtudes, se esfuerza por dar consuelo a los demás, renunciando siempre al propio. Los que recalcitrantes en progresar moralmente, tomándose su tiempo en los caminos del mal, así como otros que, aunque sin hacer el mal, permanecen en los de la inercia, huyendo como los que actúan en el bien, todos tienen, en el dolor, una estela infalible llamada de preparación.

Bastante accesible, los dejó tranquilos, despidiéndose por unos instantes, pero prometiendo volver pronto, cuando intentaría responder a cualquier pregunta que pudieran tener.

En cuanto estuvieron solos, decidieron por unanimidad que le preguntarían a Augusto sobre el destino futuro de sus seres queridos. Y así lo hicieron tan pronto como regresó el Mentor.

Doña Carmen, respetuosamente, lo interrogó:

– Venerable protector, ¿qué será de mis hijos?

— Pronto reencarnarán. Júlio, en mejores condiciones, pero arrastrando algunas secuelas del accidente provocado por él mismo, en el encuentro policial que lo alejó físicamente de su último viaje en la tierra. En cuanto a Geraldo, tendrá importantes deficiencias orgánicas, producto de su repetida escalada con las drogas. Reencarnará en una región pesquera, muy lejana, en grandes dificultades. Su etapa física durará poco tiempo, lo justo para, junto al mar, recuperar su cuerpo periespiritual, que fue muy dañado por las drogas, además de haber sido dañado en la desencarnación que indirectamente provocó, durante el desafortunado secuestro que todos conocemos.

Carmen y Julieta sollozaron discretamente.

Letícia, sintiendo la bondad de Augusto, abordó sus preocupaciones sobre el futuro de su padre y de Clidenor.

Tranquilizándola, Augusto respondió:

— Salesio y Clidenor reencarnarán en una situación diferente a la actual: serán marido y mujer.

Todos quedaron asombrados, sin entender.

Lentamente Augusto aclaró:

— Salesio tendrá un cuerpo masculino sano, ya que tendrá que trabajar duro para sustentar a su numerosa familia. Mentalmente tendrá bloqueos y solo podrá entender sus responsabilidades.

Tiago, sin poder contener la curiosidad, preguntó:

— ¿Y Clidenor...?

— Clidenor proviene de innumerables reencarnaciones en equipos masculinos y ha llegado el momento de adquirir nuevas experiencias y nuevos aprendizajes. En la última etapa, despreció a todas las mujeres que conoció, empezando por su madre. Cuando despertó para amar responsablemente, ya era demasiado tarde... Celosos ingenieros celestiales invertirán su polarización sexual periespiritual y reencarnará en un cuerpo femenino, también sano. Ella tendrá un bloqueo cerebral similar al de su marido, lo que significa que, para sobrevivir, se necesitarán inexorablemente, en las distancias en las que reencarnarán...

Haciendo una nueva pausa, para continuar con la trascendental información, sugirió:

- Hijos míos, vean cómo Jesús es verdaderamente el Buen Pastor: para que las ovejas descarriadas no se precipiten al abismo, él las recoge en un lugar seguro. Esto se hará con Salesio y Clidenor. Son tantos los enemigos que buscan furiosamente venganza, algunos por haber sido perjudicados materialmente y otros por haber sido inducidos al consumo de drogas, que se planea reencarnar a su nación en las regiones boreales de hielo eterno. Allí no pueden ser molestados, ya que la inclemencia del clima es tal que los vengadores, incluso desencarnados, no podrían soportarlo, ya que sus periespíritus son todavía bastante toscos.

Augusto, tratando de no abrumar a sus oyentes, les preguntó si estaban satisfechos con las respuestas.

Tiago pidió permiso al espíritu bondadoso para saber qué sería de la mediumnidad de Clidenor.

- Su espíritu, deliberadamente, abusó de la sublime posibilidad de ausentarse conscientemente del cuerpo físico. Actuó así, ignorando todos los consejos que le llegaban, para poder protegerlo. Su irresponsabilidad hará que su cordón fluidico, el llamado "cordón de plata", tenga una elasticidad reducida, hasta merecer tenerlo de vuelta a la normalidad. Cuando se duerma no podrá ir muy lejos, es más, solo verá hielo y más hielo... Entendamos que esto no es un castigo, sino una caridad, ya que al no poder distanciarse, no podrá acudir a ambientes espirituales infelices, ni lo podrán lograr, ni enemigos ni entidades que intenten despistarlos.

Letícia, sin resistirse a la natural curiosidad femenina, preguntó abiertamente:

- ¿Cómo serán sus vidas, tendrán hijos?

- Diez como mínimo, veinte como máximo...

En otras circunstancias, o si otros hubieran sido los oyentes, la información podría haberse tomado como humor. No ahí, en ese ambiente celestial. Los interlocutores de Augusto sabían que el momento, si bien no era grave, sí era muy grave. Al notar el asombro general, Augusto añadió, con nueva información:

- Sí: sus hijos, estos también le darán nueras, yernos y nietos, todos ellos provenientes del numeroso grupo de criaturas creadas bajo su responsabilidad.

El silencio reinó en esa habitación. Augusto creyó mejor complementar:

- Junto a los esquimales, en la remota región donde vivirán, la vida solo podrá mantenerse si hay una gran unión de fuerzas, empezando por la familia y luego con los vecinos, a algunos kilómetros de distancia. Hace tanto frío que no puede haber pérdida de calor, lo que obliga a las personas a dormir muy juntas, piel con piel. Los años de proximidad obligatoria que impone esa región redundan en beneficios incomparables para todos los que allí han vivido, viven o vivirán...

Con una mirada tranquila y confiada, continuó:

- Clidenor y Salesio ya no estarán magnetizados el uno hacia el otro por el odio, como lo están ahora, uniéndose, si Dios quiere, no solo por necesidad. Desarrollando la solidaridad, inicialmente, para garantizar la supervivencia, las semillas del amor, ahora latentes, pronto germinarán en sus corazones.

Letícia hizo una última pregunta:

– ¿Los veremos?

– A todos – respondió Augusto prontamente.

Tiago, práctico, preguntó:

– ¿Cómo los identificaremos?

– Por intuición.

Un ligero letargo apareció en aquella escena y Letícia se sintió como transportada, en un dulce viaje por el aire, flotando en los cielos.

Ella recordó.

– Tu espíritu, radiante de felicidad me trajo a la mente el recuerdo de acontecimientos felices, vividos espiritualmente.

Tuvo un pensamiento ferviente:

– Amigo Jesús, Hermano Mayor: ¡Dios te lo pague!

Al día siguiente, Tiago, doña Carmen y Julieta se reunieron para comentar el sueño.

Con cierta sorpresa, los cuatro confirmaron que anoche habían tenido un sueño similar. Cada persona narraba lo que recordaba, se hacía una nota escrita, copia de la cual guardaba con cariño.

Granero Celestial

Durante dos años, después del sueño espiritual en el que fueron visitados, Salesio, Geraldo y Clidenor recibieron intensos tratamientos, encaminados a su reencarnación.

Fueron de gran ayuda las oraciones de los encarnados que los amaban, realizadas individualmente y en grupo, en el Centro Espírita al que asistieron.

Pasados otros tres años, Tiago del Cielo y Letícia se vieron obligados a trasladarse a Amapá.

Viajaban en nombre de una gran empresa minera, con oficina central en el sureste, que estaba instalando una sucursal en esa lejana región.

Después de completar la tarea en unos quince días, estructurando todo el departamento jurídico de la sucursal, la pareja decidió regresar en barco, para explorar la costa brasileña y llegar a su Estado de origen.

Antes de regresar, disfrutaron de una estancia de algunos días, incluidos varias "picaduras de pescado", en la granja costera de uno de los directores de la sucursal recién instalada. Ellos aceptaron gustosos.

Un dato interesante, por "casualidad", les llamó la atención: apenas llegaron, una mujer comenzó a dar a luz. En las prisas por que la parturienta sea atendida, Tiago y Letícia fueron de gran valor, ya que actuaron rápida y adecuadamente, yendo a buscar un médico urgentemente.

De buena voluntad ayudaron al médico. El nacimiento fue normal: un niño.

El ginecólogo, tras examinar al recién nacido, diagnosticó graves deficiencias y anomalías orgánicas, comprometiendo el futuro del niño.

Los padres, según la tradición de esas zonas, temerosos que su hijo muriera sin ser bautizado, invitaron a Tiago y Letícia a ser padrinos.

Aunque el Espiritismo no adopta rituales ni ceremonias, el matrimonio, consciente de ello, por comprensión caritativa entre aquella gente humilde, aceptó apadrinar al bebé. El bautismo lo realizó el párroco de un pueblo cercano. En el viaje de regreso, Letícia le comentó a Tiago :

– De repente, ese sueño me vino a la mente...

– Qué casualidad: a mí también. ¿Estás pensando lo mismo que yo?

– Sí...

–¿Sería él?

– Por supuesto. ¿No nos aseguró Augusto que lo veríamos encarnado, cuando nuestra intuición lo identificaría? ¡Alabado sea Dios!

– ¿Lo volveremos a ver?

– Si Dios lo permite. Nuestra tarea en la empresa requerirá algunas visitas más para adaptarnos a la legislación, que siempre cambia.

Doña Carmen y Julieta prepararon una torta para llevar a la guardería que mantenía el Centro Espírita.

Recibidas por la directora de la guardería, les informó que ese día habían ingresado dos niños más: un niño y una niña.

Aunque los niños eran pequeños, mostraron una enorme alegría cuando las dos mujeres los abrazaron cariñosamente cerca de su pecho.

¡Doña Carmen, sintiéndose transportada al paraíso, escuchó gritar a su corazón materno que aquel niño era su hijo Júlio!

La niña, de pequeños ojos verdes, tenía los ojos rojos, muy rojos... Julieta, aunque no la conocía, intuitivamente la identificó enseguida: era el espíritu que se había beneficiado de las oraciones por Clidenor, cuando sufría con él.

Letícia y su marido, ya anciano, estaban viendo la televisión: una película naturalista sobre el Ártico, centrada en el Polo Norte y sus alrededores.

En la primera parte de la película se mostraba la belleza natural de aquellas inmensas regiones, cubiertas por gruesas capas de hielo. Bajo el hielo, riquezas naturales incalculables descansan el largo sueño de milenios.

Allí, en la región ártica, solo hay dos estaciones climáticas, ambas muy frías: veranos breves que siguen a largos períodos de duros inviernos; en el primero, el sol permanece bajo, pero no se pone; en segundos, nunca aparece.

Solo en el Polo Norte, la cima imaginaria del mundo, el año se divide en dos mitades: día de verano y noche de invierno, cada una de seis meses de duración.

¡Los veranos árticos ofrecen el increíble fenómeno del Sol brillando a medianoche!

Por el contrario, durante los períodos invernales reina la oscuridad absoluta durante meses.

En las colosales zonas de nieve y hielo se podía ver un iglú aquí, otro allá, muy alejados. A veces, grupos de iglús, que denotan un gran grupo familiar.

El reportaje filmó a familias esquimales, mostrando cómo sobreviven en esas tierras hostiles: su vida, sus costumbres, sus hogares.

Con la ayuda de un intérprete, se entrevistó a una pareja muy joven, ya unida en matrimonio.

El relato fue difícil, ya que los entrevistados, aunque visiblemente sanos, presentaban retraso mental. Pero, a pesar de la situación rústica en la que vivían, le dejaron entrever al entrevistador sus planes futuros:

– Niños... muchos niños...

– ¿Cuántos? - Les preguntó el periodista.

En un gesto espontáneo y simultáneo, ambos extendieron las manos abriendo los dedos.

– ¿Diez? - Preguntó el periodista, sorprendido.

Mirándose, los dos jóvenes esquimales, con una sonrisa a la vez ingenua y astuta, volvieron los ojos al cielo y, resueltamente, mantuvieron las manos extendidas hacia las cámaras, con los dedos abiertos.

El gesto fue significativo, traduciéndose como:

– Si Dios quiere... veinte.

Con las manos fuertemente entrelazadas, Letícia y Tiago confirmaron la promesa de Augusto, cuando éste afirmó que Salesio y Clidenor serían vistos por ellos, aun encarnados.

Con una mirada, Letícia le dijo a su marido, quien confirmó, también en silencio:

– Son ellos...

Al unísono y en voz alta expresaron lo que había en sus almas:

– ¡Dios los bendiga!

Cientos de kilómetros más adelante, la civilización ya había echado raíces: los esquimales vivían allí en casas de madera y utilizaban embarcaciones para cazar y pescar, su principal actividad.

La película finaliza mostrando la exuberancia y el encanto de la aurora boreal, uno de los fenómenos naturales más deslumbrantes para quienes pueden presenciarlo: toda la atmósfera, sobre una infinita alfombra plateada, con una claridad mayor que la de la luna llena, cambia de verde, predominante, con matices violáceos, morados y azulados.

Millones de personas estaban viendo ese mismo programa. En el corazón de muchos, el agradecimiento al Creador, por aquella maravilla, constituyó una oración, haciendo brillar en el alma de cada uno la chispa divina, tanto o más que la luminosidad boreal del Sol de medianoche.

* * *

* *

*

Grandes Éxitos de Zibia Gasparetto

Con más de 20 millones de títulos vendidos, la autora ha contribuido para el fortalecimiento de la literatura espiritualista en el mercado editorial y para la popularización de la espiritualidad. Conozca más éxitos de la escritora.

Romances Dictados por el Espíritu Lucius

La Fuerza de la Vida

La Verdad de cada uno

La vida sabe lo que hace

Ella confió en la vida

Entre el Amor y la Guerra

Esmeralda

Espinas del Tiempo

Lazos Eternos

Nada es por Casualidad

Nadie es de Nadie

El Abogado de Dios

El Mañana a Dios pertenece

El Amor Venció

Encuentro Inesperado

Al borde del destino

El Astuto

El Morro de las Ilusiones

¿Dónde está Teresa?

Por las puertas del Corazón

Cuando la Vida escoge

Cuando llega la Hora

Cuando es necesario volver
Abriéndose para la Vida
Sin miedo de vivir
Solo el amor lo consigue
Todos Somos Inocentes
Todo tiene su precio
Todo valió la pena
Un amor de verdad
Venciendo el pasado

Otros éxitos de Andrés Luiz Ruiz y Lúcio
Trilogía El Amor Jamás te Olvida
La Fuerza de la Bondad
Bajo las Manos de la Misericordia
Despidiéndose de la Tierra
Al Final de la Última Hora
Esculpiendo su Destino
Hay Flores sobre las Piedras
Los Peñascos son de Arena

Otros éxitos de Gilvanize Balbino Pereira
Linternas del Tiempo
Los Ángeles de Jade
El Horizonte de las Alondras
Cetros Partidos
Lágrimas del Sol
Salmos de Redención

Libros de Eliana Machado Coelho y Schellida

Corazones sin Destino

El Brillo de la Verdad

El Derecho de Ser Feliz

El Retorno

En el Silencio de las Pasiones

Fuerza para Recomenzar

La Certeza de la Victoria

La Conquista de la Paz

Lecciones que la Vida Ofrece

Más Fuerte que Nunca

Sin Reglas para Amar

Un Diario en el Tiempo

Un Motivo para Vivir

¡Eliana Machado Coelho y Schellida, Romances que cautivan, enseñan, conmueven y pueden cambiar tu vida!

Romances de Arandi Gomes Texeira y el Conde J.W. Rochester

El Condado de Lancaster

El Poder del Amor

El Proceso

La Pulsera de Cleopatra

La Reencarnación de una Reina

Ustedes son dioses

Libros de Marcelo Cezar y Marco Aurelio

El Amor es para los Fuertes

La Última Oportunidad

Nada es como Parece

Para Siempre Conmigo

Solo Dios lo Sabe

Tú haces el Mañana

Un Soplo de Ternura

Libros de Vera Kryzhanovskaia y JW Rochester

La Venganza del Judío
La Monja de los Casamientos
La Hija del Hechicero
La Flor del Pantano
La Ira Divina
La Leyenda del Castillo de Montignoso
La Muerte del Planeta
La Noche de San Bartolomé
La Venganza del Judío
Bienaventurados los pobres de espíritu
Cobra Capela
Dolores
Trilogía del Reino de las Sombras
De los Cielos a la Tierra
Episodios de la Vida de Tiberius
Hechizo Infernal
Herculanum
En la Frontera
Naema, la Bruja
En el Castillo de Escocia (Trilogía 2)
Nueva Era
El Elixir de la larga vida
El Faraón Mernephtah

Los Legisladores
Los Magos
El Terrible Fantasma
El Paraíso sin Adán
Romance de una Reina
Luminarias Checas
Narraciones Ocultas
La Monja de los Casamientos

Libros de Elisa Masselli
Siempre existe una razón
Nada queda sin respuesta
La vida está hecha de decisiones
La Misión de cada uno
Es necesario algo más
El Pasado no importa
El Destino en sus manos
Dios estaba con él
Cuando el pasado no pasa
Apenas comenzando

Libros de Vera Lúcia Marinzeck de Carvalho y Patricia

Violetas en la Ventana

Viviendo en el Mundo de los Espíritus

La Casa del Escritor

El Vuelo de la Gaviota

Vera Lúcia Marinzeck de Carvalho y Antônio Carlos

Amad a los Enemigos

Esclavo Bernardino

la Roca de los Amantes

Rosa, la tercera víctima fatal

Cautivos y Libertos

Libros de Mónica de Castro y Leonel

A Pesar de Todo

Con el Amor no se Juega

De Frente con la Verdad

De Todo mi Ser

Deseo

El Precio de Ser Diferente

Gemelas

Giselle, La Amante del Inquisidor

Greta

Hasta que la Vida los Separe

Impulsos del Corazón

Jurema de la Selva

La Actriz

La Fuerza del Destino

Recuerdos que el Viento Trae

Secretos del Alma

Sintiendo en la Propia Piel

Otros Libros de Valter Turini y Monseñor Eusébio Sintra

Isabel de Aragón, La reina médium

El Monasterio de San Jerónimo

El Pescador de Almas

La Sonrisa de Piedra

Los Caminos del Viento

Si no te amase tanto...

World Spiritist Institute

www.ingramcontent.com/pod-product-compliance
Lightning Source LLC
LaVergne TN
LVHW041752060526
838201LV00046B/976